J. Müller/E. Post-Lange/H. Rupprecht

G·S·E

Geschichte Sozialkunde Erdkunde

6. Jahrgangsstufe

Bd. I

umweltfreundlich auf chlorfreiem Papier

ISBN 978-3-89291-**692-5**

Inhaltsübersicht:

Lebensraum Schule
Mein Steckbrief
Spielen im Klassenzimmer
Unsere Klassenordnung
Die Schülermitverantwortung
Wir wählen unsere Klassensprecher
Vielfältige Schullaufbahnen
Schulhausrallye
Über unsere Schulordnung nachgedacht
Schule als Ort des Lernens
Schule in früheren Zeiten
Schule heute
Was erwarte ich von meiner neuen Schule?
Unsere Pinnwand
Wir planen einen Eltern-Schüler-Abend
Schule der Zukunft
Der kleine Nick und die Schule
Unsere ersten Schulwochen: Ein Spiel
Orientierung auf der Erde
Unsere Erde (Folie)
Unsere Erde: Kontinente und Ozeane
Welt-Puzzle
Quartett: Kontinente
Besuch aus dem Weltall
Meine Adresse im Weltall
Wir basteln uns einen Globus
Spiel: Findest du dich auf der Welt zurecht?
Geographische Fakten im europäischen Raum
Das Europaspiel
Die Großräume Europas
Europa: Grundriss
Europa: Staaten
Europa: Flüsse
Europa: Gebirge
Wie die Menschen sich auf der Erde orientieren
Orientierung auf der Erde
So findest du dich zurecht
In 1124 Tagen um die Welt
Die großen Entdecker
Der Kompass zeigt die Himmelsrichtungen an/
Weltkarten
Entstehen und Werden der Erde
Wie entstand die Erde?
Die Erde entwickelt sich
Die Entstehung des Lebens auf der Erde
In einem Jahr vom Urknall bis heute
Die Entwicklung des Menschen
Ein rätselhafter Knochenfund
Quintett: Die Geschichte des Menschen
Forscher liefern uns ein Bild von der Erde
Funde geben Auskunft über die Vergangenheit
Fotorahmen
Leben auf der Erde
Kinder haben Rechte
Rechte der Kinder - die Wirklichkeit
Wie Kinder leben
Klimazonen der Erde
Die Lebensbedingungen sind vielfältig
Spiel
Vor- und Frühgeschichte Teil 1
Lebensbedingungen der Menschen früher
Wie lebten die Menschen in der Altsteinzeit?
Spiel: Abenteuer Steinzeit
Feuer machen - früher
Jagdzauber und Totenkult
Projekt „Steinzeitkünstler"
Vor- und Frühgeschichte Teil 2
Die Menschen wurden sesshaft
Ursachen und Folgen der Veränderung
Wir besuchen ein Museum
Steinzeitmenschen heute
Charakteristische Gegebenheit der Region
Der Mensch und die Natur
Stadtspiel
Ein Ortsspiel bekommt farbe
Ein Lernzirkel
Umweltbelastung und Umweltschutz
Wir reden mit beim Naturschutz
Naturnahe Gebiete in unserer Nähe
Umwelttest
Umweltfreundliche Fahrzeuge
Ideen für die Umwelt
Naturspiele
Der umweltfreundliche Schulranzen
Wie planen wir ein Projekt?
Wir erforschen unsere Straße
Fachwörterspiel

G • S • E 5, Bd. I
Nr. 690 *128 Seiten* € 19,90

Inhaltsübersicht:

Lebensgemeinschaften*
Ablauf 1
Meine Familie stellt sich vor
Mein Stammbaum
Fragen an meine Eltern und Großeltern
Das Wichtigste über mich
Memory: Familie
So viele verschiedene Lebensgemeinschaften
Erziehung kann sehr verschieden sein
Rollenspiel
Rollen in der Familie
Ablauf 2
Das Leben in früheren Zeiten
Was ein Bild erzählen kann
Dariusch lebt in einer großen Familie
Zu Besuch bei Ali-Reza
Nastaran erzählt von ihrem Leben in Teheran
Die Stiefel
Hier dreht sich alles um das Fernsehen
Mein Fernsehbild
Probleme - wer kann helfen
Behinderte Menschen
Ablauf 1
Behindert - das kann jedem passieren
Behindert sein - mit Einschränkungen leben
Wie sich Blinde helfen
Wie`hören´Hörbehinderte
Behinderte helfen sich selbst
Behinderten wird geholfen
Miteinander Spaß haben
Ablauf 2
Behinderte am Arbeitsplatz
Mit Behinderten leben
Was sich Behinderte wünschen
Ein ganz besonderer Bruder
Alltägliche Dinge lernen
Hier haben Behinderte (keine) Probleme
Behinderte im Mittelalter
Geschichte: Ägypten
Ablauf 1
Wo ist Ägypten?
Ägypten - ein Geschenk des Nils
Ein Fluss, der kommt und geht
Der Nil prägt das Leben der Ägypter
Der Nil stellt den Ägyptern Aufgaben
Landwirtschaft im Niltal
Pyramiden - Gräber für die Ewigkeit
Carters große Entdeckung
Ablauf 2
Wie war der Ägyptische Staat aufgebaut?
Zeichenvorlage
Die ägyptische Staatspyramide
Die Religion der Ägypter
Leben nach dem Tod
ABC und Papier der alten Ägypter
Hieroglyphen - eine Geheimschrift?
Wissenschaftliche und technische Leistungen der Ägypter
Der Assuanstaudamm
Spiel: Eine Reise durch Ägypten
Zeichenvorlage
Geschichte: Griechenland
Ablauf 1
Die Olympischen Spiele
Die Götterwelt der Griechen
Die Götter Griechenlands
Terzett: Griechische Götter
Antike Sagen
Griechische Kultur
Griechische Tempel
Wissenschaft in Griechenland
Projekt `Theater´
Projekt `Vasenmalerei´
Ablauf 2
Griechenland
„Wie Frösche um den Teich"
Griechenlandkarte: Städte und Staaten
Wie lebten die Menschen in Athen?
Der lange Weg in die Demokratie
Die Idee des Kleisthenes
Demokratie in Athen
Die Akropolis von Athen
Griechenland - ein beliebtes Reiseziel
Willkommen in Griechenland
Wir reisen nach Griechenland

G • S • E 5, Bd. II
Nr. 691 *128 Seiten* € 19,90

Inhaltsübersicht:

Sozialkunde: Wasser
Ablauf
Wasservorkommen in Bayern
Der Kreislauf des Wassers
Trinkwassergewinnung
Wir reinigen das Schmutzwasser
Abwasserbeseitigung
Wasserverbrauch und Wassersparen
Gesetzliche Maßnahmen und Bestimmungen
Wasser der Erde
Bayern - Gewässergüte
Wasserversorgung im antiken Rom
Der "schwarze Tod"
Krankheiten - eine Geißel der Menschheit
Geschichte: Mittelalter
1. Das Reich Karls des Großen
Ablauf
Das Leben Karls des Großen
Das fränkische Großreich entsteht
So regierte Karl der Große sein Reich
Die Sicherung der Grenzen
Die Verdienste Karl des Großen
Wer trug die Hauptlast der Kriege?
Krieg gegen die Sachsen
Die Bedeutung der Klöster
Kloster - Schrift - Sprache
Spiel: Im Reiche Karls des Großen
2. Das Dorf im hohen/späten Mittelalter
Ablauf
Das Dorf - eine selbstständige Gemeinschaft
Das Dorf im Mittelalter
Nicht alle Bauern waren gleich!
Bauern in der Grundherrschaft
Die Bauern werden hörig
Herrschaft und Abhängigkeit - die Grundherrschaft
Das Leben der Bauern im Mittelalter
Die Kirche im Mittelalter
Die Ordnung des dörflichen Zusammenlebens
Spiel: In einem mittelalterlichen Dorf
Im mittelalterlichen Dorf
2. Die Stadt im hohen/späten Mittelalter
Ablauf 1
Die mittelalterliche Stadt
Die Stadt eine selbstständige Gemeinschaft
Stadtluft macht frei!
Handwerker in einer mittelalterlichen Stadt
Der Handel im Mittelalter
Die gesellschaftliche Ordnung in der mittelalterlichen Stadt
Spiel: In einer mittelalterlichen Stadt
Handwerker in der mittelalterlichen Stadt
Ablauf 2
Alltag in einer mittelalterlichen Stadt
Wer hilft den Armen, Alten und Kranken?
Kirchen zur Ehre Gottes und zum Ruhm der Stadt
Die Dombauhütte
Romantik - Ausdruck kaiserlicher und kirchlicher Macht
Die gotische Kirche - ein Abbild des Himmels
Romantik
Gotik
Die Geschichten des Kölner Domes
Mit Nase, Auge und Ohr in einer mittelalterlichen Stadt
Ritter und Kreuzzüge
Ablauf
Zum Leben der Ritter
Die Ritter
Der Ritter
Der 1. Kreuzzug
Spiel: Ritter und Kreuzzüge
Zu den Kreuzzügen
Erdkunde: Stadt und Land
Ablauf 1
Kennzeichen einer Stadt
Wir planen einen Stadtrundgang
Wissenswertes über München
Menschen in München
Eine Rallye durch München
In München gibt es viel zu sehen!
Ansichten München
Was weißt du über das Leben in der Stadt?
Begriffe, die zur Stadt gehören
Wir führen eine Kartierung durch
Ablauf 2
Aus dem Leben eines Bauern
Wir befragten einen Bauern
Freies Schreiben zum Thema: Leben auf dem Land
Bauern früher und heute
Arbeit und Urlaub auf dem Land
Begriffe, die zum Land gehören
Kreislauf: Vom Erzeuger zum Verbraucher
Wir erkunden ein Dorf
Rollenspiel: Leben in der Stadt oder auf dem Land
Planspiel: Ein Neubaugebiet ist geplant
Planspiel. Die Bürgerversammlung
Rund ums Land: Tipps und Ideen zum Kreativsein
Freies Schreiben: Meine Gedanken zum Thema

G • S • E 6, Bd. II
Nr. 693 *130 Seiten* € 19,90

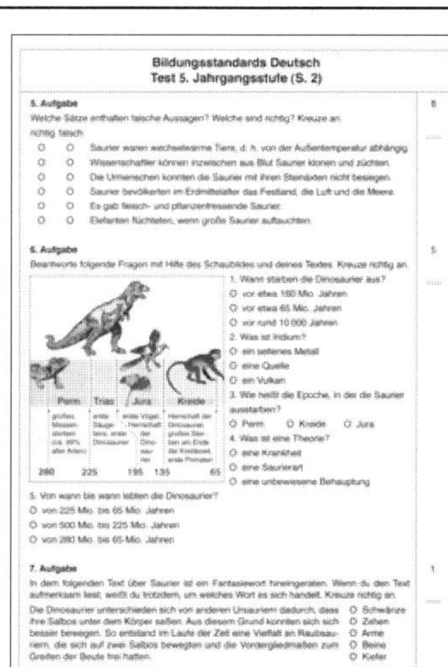
Bildungsstandards Deutsch
Test 5. Jahrgangsstufe (S. 2)

Testinhalte Mathematik:

- Zahlen und Operationen: Grundrechenarten, schriftliches Rechnen, Zahlenfolgen, Rechenfragen, Zahlenbäume, Brüche
- Größen und Messen: Längen-, Flächen-, Körpermaße, Gewichte, Zeit, Geld
- Raum und Form wie z. B. Flächen, Körper, Symmetrie, Verschiebungen, Drehungen
- Terme und Gleichungen
- Häufigkeit und Wahrscheinlichkeit
- Sachbezogene Aufgaben

Vielfach wurden Zahlen- und Rechenrätsel in die Tests eingeflochten, um eine höhere Motivation zu schaffen. Aus den Tests lassen sich eindeutig Rückschlüsse auf mathematische Stärken und Schwächen der Schüler ziehen. Sie können dabei helfen, individuell gezielte Fördermaßnahmen einzuleiten und zu intensivieren.

Testinhalte Deutsch:

Textarbeit (Lesen/Literatur)
- Erkennen und Wiedergeben explizit angegebener Information
- Ziehen einfacher Schlussfolgerungen
- Interpretieren des Gelesenen
- Prüfen und Bewerten von Sprache, Inhalt und Textelementen

Formen/Funktionen
- Sprachbetrachtung mit grammatischem Bereich
- Sprachbetrachtung mit semantischem Bereich

Rechtschreiben
- Rechtschreibstrategien ermöglichen das selbständige Erschließen der Schreibweise von Wörtern
- Das bisher übliche Diktat soll so ersetzt werden.

Bildungsstandards Deutsch/Mathem. 5./6.
Nr. 644 *47 Seiten* € 11,90

---

pb verlag **Stand der Preise 2008 - Bitte beachten Sie unsere aktuelle Preisliste!** pb verlag

Vorwort

Mit der Fächerkombination Geschichte-Sozialkunde-Erdkunde ergeben sich neben den bekannten Inhalten und bewährten Methoden auch neue Inhalte und Wege, den Unterricht zu gestalten. Diese Handreichungen sollen Ihnen die Arbeit im Unterricht in vielfältiger Weise erleichtern.

Die fachliche, methodische, personale und soziale Kompetenz der Schüler soll gefördert werden. Dazu gehört der Erwerb von fächerübergreifenden Fähigkeiten und Fertigkeiten: selbständiges Lernen, Problem lösen, Denken in Zusammenhängen, Leistungs- und Einsatzbereitschaft, Belastbarkeit und Durchhaltevermögen, Bereitschaft und Fähigkeit zur Zusammenarbeit und Mitverantwortung. Die Schüler lernen sachbezogene Fragestellungen kennen, üben fachgemäße Arbeitsweisen ein und gewinnen so fachspezifische Erkenntnisse. Fachliche und systematische Vollständigkeit wird von den Lehrplänen nicht angestrebt. Im sinnvollen Wechsel zwischen exemplarischem und orientierendem Lernen soll das selbständige Arbeiten gefördert werden. Querverbindungen zwischen den Fächern dienen einer ganzheitlichen Themenerfassung.

- ✔ Alle Arbeitshilfen können unabhängig vom Lehrbuch eingesetzt werden.
- ✔ Sie dienen der Informationsbeschaffung und Verarbeitung, der Sicherung und dem Transfer.
- ✔ Die Handreichungen bieten Ihnen vielfältige Methoden und Arbeitsweisen an.
- ✔ Lerninhalte wurden nach Möglichkeit fächerübergreifend behandelt.
- ✔ Soweit notwendig, finden Sie Lösungen zu den Arbeitsblättern im Maßstab 1 : 1. Eine Kontrolle kann somit leicht im Overlay erfolgen.
- ✔ Die Arbeitsblätter haben Vorschlagscharakter, fühlen Sie sich bitte frei, sie an Ihre persönlichen Bedürfnisse anzupassen.

Ihnen und Ihren Schülern viel Spaß und Erfolg beim Arbeiten!

J. Müller   [illegible]   Hans Rupprecht

Bildnachweis

- Liliane et Fred Funcken, le costume et les armes des soldats de tous les temps,
- © Casterman, Tournai 1966 (S. 10, 29, 40, 60)
- Brigitte Karnath in Hannsferdinand Döbler, Die Germanen, © Prisma-Verlag, o.A. 1975 (S. 13, 14, 29)
- Lexique pour les enfants, © Editions Nathan, Paris 1988 (S. 18, 80)
- Josef Scherl, Geschichte unseres Volkes, © Oldenbourg Verlag, München o.J. (S. 14, 20)
- Rom 2000, © edizioni Lozzi Roma s.a.s., Rom 1996 (S. 21, 41, 115)
- Werner Hölzl, Salzburg 1988 (S. 33)
- Alberto Carlo Carpiceci in Paestum et Velia, © plurigraf, Narni o.J. (S. 46)
- Alberto Carlo Carpiceci in Pompeji, © Bonechi, Firenze 1991 (S. 46)
- Kurverwaltung Garmisch-Partenkirchen (S. 97, 98)
- Hans Rupprecht, Höslwang (S. 109)
- Henry Winterfeld, © dtv, München 1982 (S. 113/114)
- Giorgio Giubelli, Herkulaneum, © Carcavallo, Napoli 1998 (S. 115)
- Eva Post-Lange, Prien (S. 120)

Bedeutung der verwendeten Symbole:

✏	aufschreiben, notieren
✂	ausschneiden
👓	genau hinschauen, beobachten
📖	in Büchern, Lexika, Atlas nachschlagen
🕯	erkennen, logisch folgern, übertragen
☝	vor der Klasse reden, vortragen
✋	diskutieren
✌	Partnerarbeit
☺	Gruppenarbeit
💣	einen Versuch durchführen
Σ	etwas rechnen, berechnen
✍	malen, anmalen
🗲	lesen, erlesen
✇	zeichnen, entwerfen
👍	spielen
☎	Informationen einholen
✎	Lösung

Inhaltsverzeichnis

Begegnung zwischen Römern, Kelten und Germanen

Bayern

Freizeit

Römer in Süddeutschland

- ❍ Leben der Kelten vor der römischen Eroberung
- ❍ Die römische Eroberung (15 v. Chr.) und Sicherung des Landes
- ❍ Ausbreitung der röm. Zivilisation als Mittel zur Herrschaftssicherung
- ❍ Krise und Ende der römischen Herrschaft

❶ Leben der Kelten vor der röm. Eroberung	
① **Die Kelten - ein Volk zieht durch Europa** Zeitlicher und geographischer Überblick Spuren der Kelten in Bayern	AB (S. 8)
② **Die Kelten - Burgen und Städte** Wo wurden Burgen und Städte errichtet? Wie sahen sie aus? Wer wohnte darin? Was hat man gefunden?	AB (S. 9)
③ **Leben der Kelten** Fähigkeiten, Gesellschaft, Aussehen der Krieger, Kleidung, Menschenopfer und Kopfjäger	AB (S. 10)
④ **Die Kelten** Manching - eine große Keltenstadt Die Kelten: Handwerker und Händler Spuren der Kelten	AB (S. 11) *Lösung S.12*
❷ Die römische Eroberung und Sicherung	
① **Wie die Römer das Land erobern und sichern** Die römische Eroberung (15 v. Chr.) Sicherung durch Kastelle, Truppen und Limes Entstehung von Städten, Ausbau eines Straßennetzes Räumliche Bewegungen von Germanen und Römern Verlauf des Limes Ansicht eines römischen Kastells	AB (S. 13) Infoblatt S. 14
② **Die Römer erobern und sichern das Land** Die Kelten geraten unter Druck Wie sichern die Römer das eroberte Gebiet? Wichtige römische Städte im bayerischen Raum	AB (S. 15) *Lösung S.16*
❸ Ausbreitung der römischen Zivilisation	
① **Die Ausbreitung der römischen Zivilisation** Die römische Lebensweise breitet sich aus Die Kelten finden Gefallen daran und passen sich an Wie verhalten sich die Germanen in den Grenzgebieten?	AB (S. 17)
② **Die Römer bringen ihre Zivilisation** Beispiele römischer Zivilisation: Wasserleitungen, Straßen, Landgüter und Theater	AB (S. 18)
③ **Ausbreitung der römischen Zivilisation** Was unsere Vorfahren von den Römern lernten Römische Wörter in unserer Sprache	AB (S. 19) *Lösung S.20*
❹ Krise und Ende der römischen Herrschaft	
① **Das römische Reich in der Krise** Gründe für die Krise	AB (S. 21)
② **Das Ende der römischen Herrschaft in Bayern** Eindringen der germanischen Stämme	AB (S. 22)
③ **Die Besiedelung Bayerns** Siedlungsräume der Franken, Alemannen und Bajuwaren Ortsnamen geben Hinweis auf die Besiedelung	AB (S. 23) *Lösung S.24*

Die Kelten
- ein Volk zieht durch Europa

Die Kelten oder Gallier waren das erste Volk der Frühgeschichte im bayerischen Raum, von dem wir den Namen wissen. Sie waren, wie auch später die Germanen, ein aus vielen Stämmen und Stammesgruppen bestehendes Volk, das sich vor allem durch seine dem Latein ähnliche Sprache und seine Kunstfertigkeit von den anderen Völkern abhob.

Zwischen 600 v. Chr. bis 100 n. Chr. breiteten sich die Kelten von Mitteleuropa kommend über den ganzen europäischen Kontinent aus. Oft waren sie auf ihren großen Wanderungen und Eroberungszügen nur auf Beute aus, manchmal wurden sie aber auch sesshaft. Sie gelangten im Westen bis an den Atlantik und im Osten ans Schwarze Meer bis nach Ankara in der heutigen Türkei. Im Norden besiedelten sie die Britischen Inseln, im Süden ließen sie sich in Oberitalien, Südfrankreich und auf der Iberischen Halbinsel nieder.

Sie bauten mächtige Viereckschanzen, von denen in Bayern allein mehr als fünfzig gefunden wurden und sie legten befestigte Städte an. Die Hauptstadt der bayerischen Kelten entstand im zweiten Jahrhundert v. Chr. bei Manching in der Nähe von Ingolstadt. Von dieser ersten bedeutenden Stadt (Oppidum) im gesamten deutschen Raum sind eine sieben Kilometer lange Stadtmauer ausgegraben worden, ferner ganze Straßen mit Häusern, in denen eine Münzschmiede, eine Glasherstellungswerkstatt und eine Bronzegießerei entdeckt wurden.

Zahlreiche Personen-, Orts- und Gewässernamen sind keltischen Ursprungs, so z.B. Rhein, Neckar, Main, Donau, Isar, Lech und Inn. Auch die Städte Salzburg, Regensburg, Kempten, Straubing und Passau gehen auf keltische Gründungen zurück und hießen einst Iuvavrum, Radasbona, Cambodunum, Sorviodurum und Boiodurum.

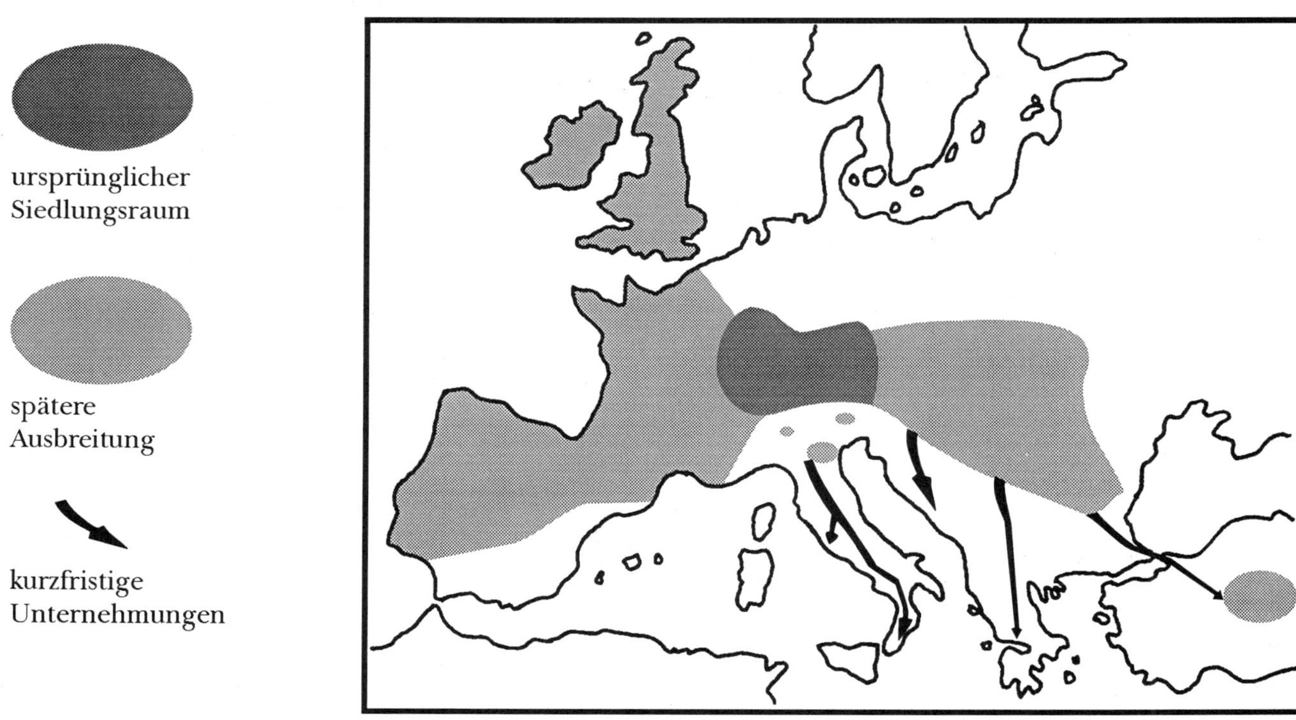

① *Suche im Atlas die erwähnten Orte, Gewässer und Länder.*

② *Welche heutigen Staaten liegen im Siedlungsbereich der Kelten?*

③ *Wie weit ist es von Manching nach Ankara?*

④ *Erkundige dich, in welchen Ländern heute noch keltische Dialekte gesprochen werden.*

⑤ *Was weißt du über Asterix und Obelix? Wie werden die Gallier dargestellt?*

GSE

Die Kelten
Burgen und Städte

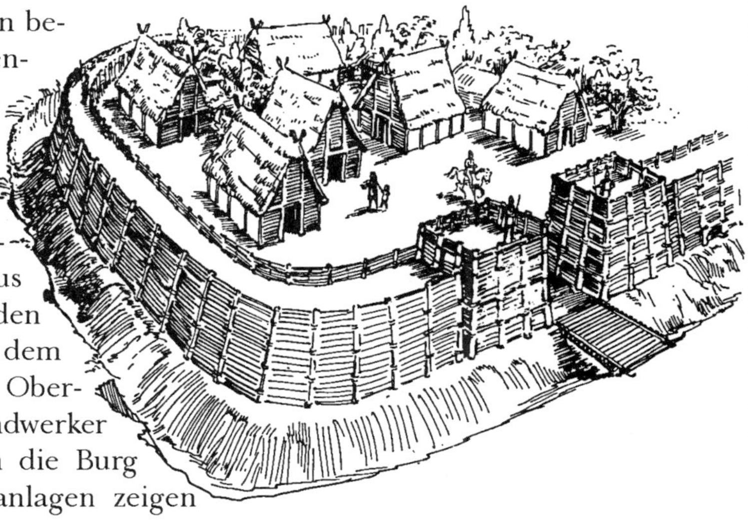

Die Kelten wohnten in unserer Gegend oft in befestigten Siedlungen auf Bergen oder Höhenrücken: auf dem Staffelberg bei Staffelstein, auf der Houbirg bei Hersbruck, auf dem Michelsberg bei Kehlheim, auf dem Auerberg im Allgäu, bei Deisenhofen, Grünwald, Hohenschäftlarn und Salzburg. Die Siedlungen waren umgeben von einem Wall aus Stein, Holz und Flechtwerk. Im Inneren standen Wohnhäuser und Vorratsschuppen. Auf dem Burgberg selbst standen die Häuser der Oberschicht. Darunter wohnten die Bauern, Handwerker und Händler. Die Menschen zogen sich in die Burg zurück, wenn Feinde kamen. Einige Burganlagen zeigen noch heute Brandspuren.

Es gab jedoch auch damals schon richtige Städte mit Tausenden von Einwohnern. Besonders wichtig waren Städte, die an der Kreuzung von Handelswegen oder beim Übergang über einen Fluss gelegen waren und Orte, wo man Salz und Erz gewann.

Beim heutigen Ort Manching, in der Nähe von Ingolstadt, wurde die bisher größte dieser Keltenstädte entdeckt und seit mehr als 50 Jahren ausgegraben. Sie lag am Südufer der Donau, in einer flachen Landschaft und an der Kreuzung wichtiger Straßen. Ihr Ringwall war etwa sieben Kilometer lang. Um diese gewaltigen Befestigungsmauern zu bauen, errichteten die Kelten zuerst ein Balkengerüst, dann füllten sie die Zwischenräume mit Schotter auf und schließlich umgaben sie die Außenseite mit einer Steinmauer. Die Steine dafür schafften sie aus 30 Kilometer Entfernung heran. Wollte man allein die Nägel transportieren, die das Balkengerüst zusammenhielten, bräuchte man mehrere Lastwagenfuhren.

Geradlinige, breite Straßen verbanden die Lagerhallen, Scheunen und Häuser der vielen Handwerker: der Schmiede, Töpfer, Festungsbaumeister, Schreiner und Zimmerleute, Schuhmacher, Wagner, Glasmacher, Gerber, Küfner und anderer.

Die Häuser der Einwohner waren aus Holz gebaut. Von ihnen fand man nur noch im Boden die dunklen Spuren vermoderter Pfosten und aufgefüllte Kellergruben; dazu Tongeschirr, Geräte aus Eisen, Schmuck aus Glas und Gold, Nadeln und Broschen aus Bronze. Sogar Münzen wurden hier geprägt, denn die Gussformen dafür sind erhalten.

Diese Keltenstadt muss zerstört worden sein: Skelette von getöteten Bewohnern, zerbrochene Waffen und hastig versteckte Wertgegenstände aus Edelmetallen sind Beweise dafür.

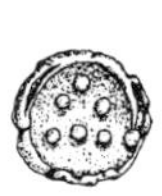

Goldmünze

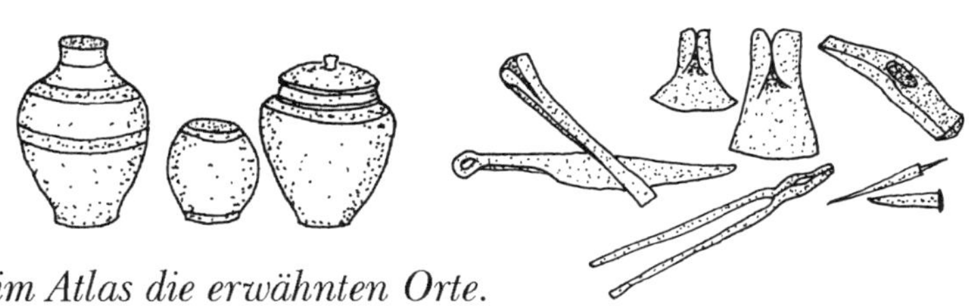

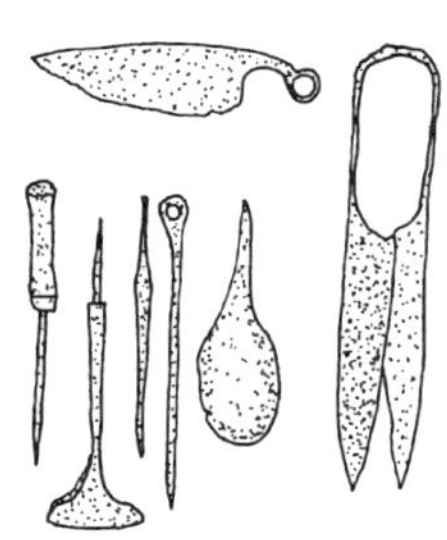

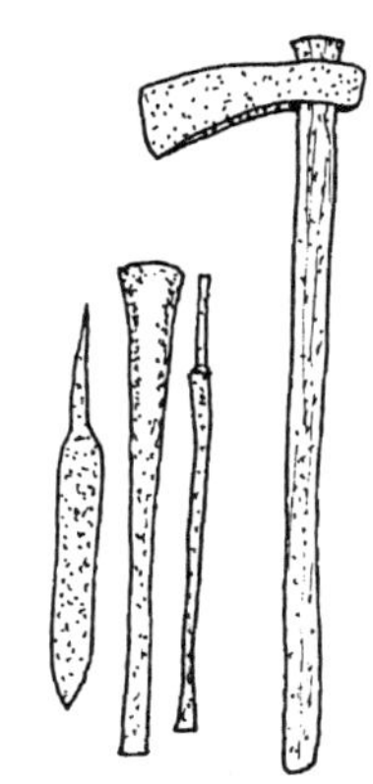

① *Suche im Atlas die erwähnten Orte.*

② *Welche Handwerksberufe werden im Text aufgezählt?*

③ *Oben siehst du Abbildungen von Fundstücken aus Manching. Was stellen sie dar?*

④ *Zu welchen Handwerkern gehörten sie wohl?*

⑤ *Warum fand man keine Kleidung?*

GSE

Leben der Kelten

Die Kelten lebten nicht in einem einheitlichen Staat, sondern in vielen kleineren oder größeren Fürstentümern. Sie siedelten dort, wo es fruchtbares Ackerland gab. Ein großer Teil der Bevölkerung lebte von der Landwirtschaft. Wohlstand und Macht der Kelten gründeten sich vor allem auf einen weit reichenden und gut funktionierenden Handel und ein blühendes Handwerk. Die Kelten verstanden es meisterhaft, Eisen zu gewinnen und daraus Werkzeuge und Waffen herzustellen. Eine der begehrtesten Handelswaren war das Salz. Mit ihm konnte man Fleisch und Fisch haltbar machen. Das Salz wurde in Bergwerken gewonnen. Salz- und Eisenerzbergwerke machten ihre Besitzer reich und mächtig.

Hügelgräber und Grabbeigaben geben Auskunft über die Bedeutung der Beigesetzten. Der größte dieser Grabhügel, die man im süddeutschen Raum fand, war 14 m hoch und hatte einen Durchmesser von 80 m.

Nach einer Beschreibung des Römers Julius Cäsar gliederte sich die keltische Bevölkerung in drei Gruppen: die adeligen Krieger, die Druiden und das gemeine Volk.

Der Kriegsadel war die einflussreichste Gruppe. Ihm gehörte das Land. Er wählte aus seinen Reihen den Häuptling oder Fürsten, der an der Spitze des Stammes stand und oberster Heerführer war. Der Fürst residierte in einer befestigten burgähnlichen Anlage und verfügte über große politische und gesellschaftliche Macht. Der Reichtum einer Fürstenfamilie stammte aus Abgaben aus dem Handel mit Rohstoffen (Salz, Kupfer, Eisen) und den in den eigenen Werkstätten gefertigten Waren.

Aus den Adelsfamilien stammten auch die Druiden (Priester). Sie waren sehr angesehen. Opfer für die Götter, Wahrsagungen, aber auch Rechtsprechung gehörten zu ihren Aufgaben.

Die Krieger der Kelten müssen auf ihre Zeitgenossen Furcht erregend gewirkt haben: Die für die damalige Zeit ungewöhnlich großen Männer färbten sich die Haare weiß. Zum Schutz trugen sie eiserne Helme mit hoch aufragenden Aufsätzen, mächtige Holzschilde und vereinzelt auch Brustpanzer oder Kettenhemd. Als Waffen benützten sie lange Lanzen und Schwerter sowie Pfeil und Bogen. Geschickt verstanden sie es, zweirädrige Kampfwagen einzusetzen.

Über das Leben des einfachen Mannes ist wenig bekannt. Manches deutet darauf hin, dass diese Menschen in großer Abhängigkeit von ihren Herren standen.

Von Doidor, einem anderen Römer, erfahren wir etwas über die Kleidung der Kelten: "Ihre Art sich zu kleiden ist sehr auffallend: Sie tragen nämlich farbige, bunt geblümte Röcke und Hosen. Darüber werfen sie bunt gestreifte Mäntel, die mit einer Spange befestigt sind."

Von den Kelten wissen wir, dass sie Menschenopfer brachten und Kopfjäger waren. "Sie nageln die Köpfe ihrer Feinde als Ehrenzeichen an die Wände, gerade als hätten sie auf der Jagd ein Wild erlegt. Die Köpfe der Vornehmsten unter den Feinden salben sie ein, bewahren sie in einem Kasten sorgfältig auf und zeigen sie Fremden." (Diodor)

① *Zeichne die Sozialpyramide eines keltischen Stammes.*

② *Vergleiche die Kleidung der Kelten (wie sie von Diodor geschildert wird) mit der Kleidung der Gallier in 'Asterix und Obelix'.*

③ *Warum ließen sich die Fürsten gewaltige Hügelgräber errichten?*

④ *Was hältst du von Menschenopfern und Kopfjägern?*

GSE

Die Kelten

Seit etwa __________ besiedelten die ______ weite Teile Europas. Sie ließen sich im heutigen __________ , in ________ , __________ und in ____________________ nieder. Mit ihren Schiffen setzten sie sogar nach _________ über.

① *Manching - eine große Keltenstadt*

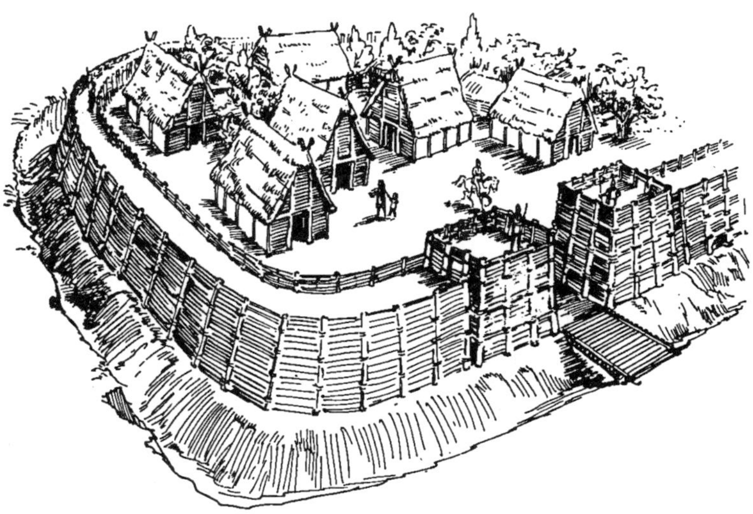

____

____

____

____

____

____

____

____

____

② *Die Kelten: Handwerker und Händler*

Bei der Untersuchung der Handwerkerviertel machten die Forscher viele erstaunliche Funde:

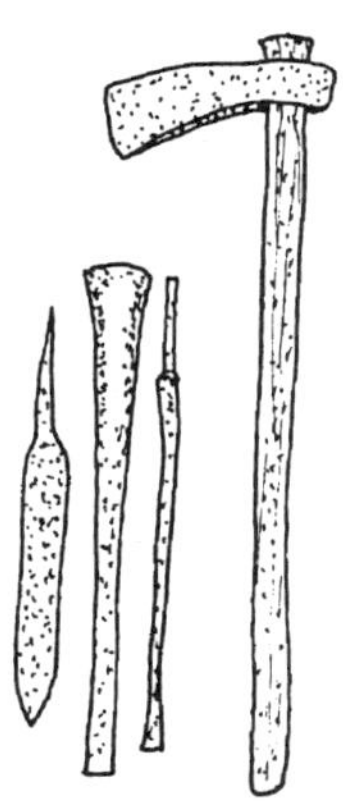

____

____

____

____

____

____

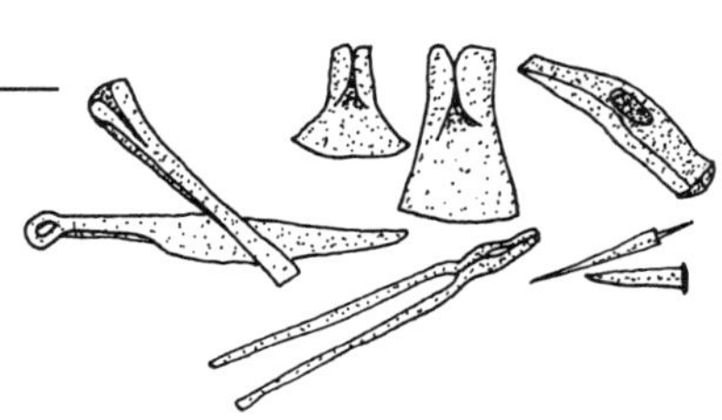

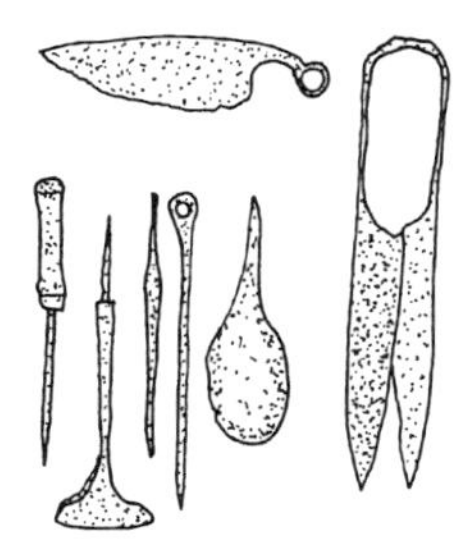

③ *Spuren der Kelten*

Die wichtigste keltische Siedlung in Bayern war _________ bei Ingolstadt. Andere bedeutende Siedlungen befanden sich auf dem Michelsberg bei Kelheim, auf dem Staffelberg in Oberfranken und bei Auberg am Lech. Keltische Siedlungen waren ursprünglich auch _______ , __________ , ___________ und ________ . Auch ______ und _________ wurden von den Kelten gegründet. Andere Spuren dieses Volkes in unserer Heimat sind die großen _______________ und die über den ________________ aufgetürmten gewaltigen __________ .

GSE

Die Kelten

Seit etwa ***600 v. Chr.*** besiedelten die ***Kelten*** weite Teile Europas. Sie ließen sich im heutigen ***Frankreich*** , in ***Spanien*** , ***Österreich*** und in ***unserem Raum*** nieder. Mit ihren Schiffen setzten sie sogar nach ***England*** über.

① Manching - eine große Keltenstadt

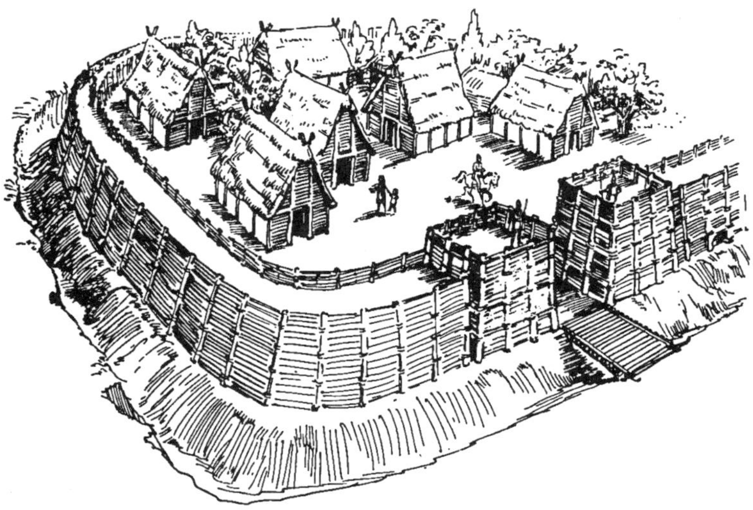

Die Stadt war von einem 7 km langen, 4 bis 5 m hohen und 3 m dicken Ringwall aus Holz, Steinen und Erde umgeben. Sie hatte etwa 10 000 Einwohner.

In ihr lebten viele Handwerker und Händler.

Auch diese Keltenstadt wurde von den Römern zerstört.

② Die Kelten: Handwerker und Händler

Bei der Untersuchung der Handwerkerviertel machten die Forscher viele erstaunliche Funde:

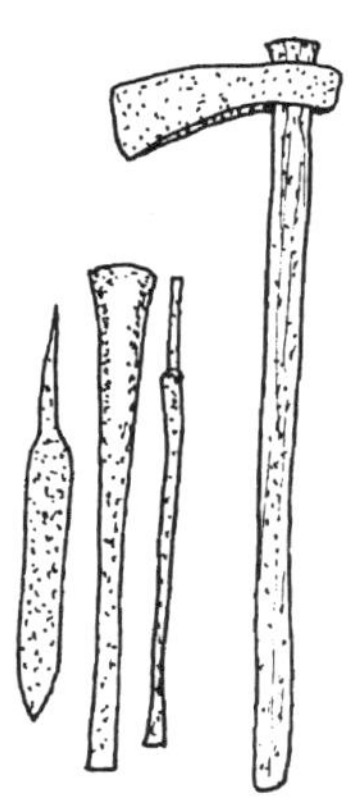

Die Kelten stellten Werkzeuge und Waffen aus Eisen und Bronze her. Man fand Schmuck aus Silber, Gold und Glas sowie viele Gefäße aus gebranntem Ton. Keltische Händler benützten Münzen als Zahlungsmittel.

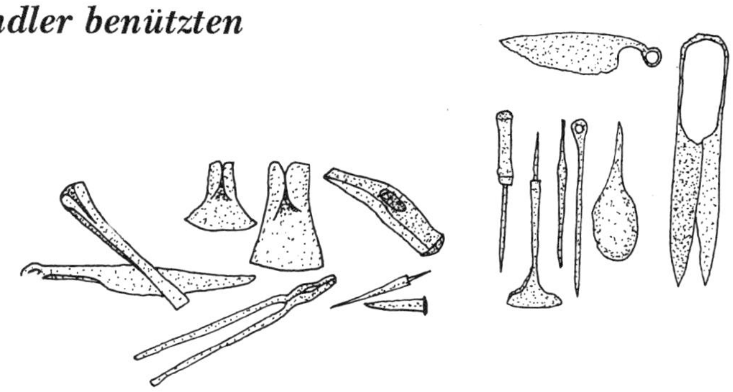

③ Spuren der Kelten

Die wichtigste keltische Siedlung in Bayern war ***Manching*** bei Ingolstadt. Andere bedeutende Siedlungen befanden sich auf dem Michelsberg bei Kelheim, auf dem Staffelberg in Oberfranken und bei Auberg am Lech. Keltische Siedlungen waren ursprünglich auch ***Passau*** , ***Straubing*** , ***Regensburg*** und ***Kempten*** . Auch ***Paris*** und ***Mailand*** wurden von den Kelten gegründet. Andere Spuren dieses Volkes in unserer Heimat sind die großen ***Viereckschanzen*** und die über den ***Fürstengräbern*** aufgetürmten gewaltigen ***Erdhügel***

GSE

Wie die Römer das Land erobern und sichern

Die Kelten hatten im letzten Jahrhundert v. Chr. den Höhepunkt ihrer Kultur erreicht. Seitdem fielen von Norden her immer wieder germanische Stämme in keltisches Gebiet ein und besetzten es bis an die Donau. Folgenschwerer aber war die Eroberung durch die Römer vom Süden her. Vorher schon hatten die Römer alle Keltenstämme Galliens besiegt.

Während eines einzigen Sommers, im Jahre 15 v. Chr., kam das plötzliche Ende der keltischen Selbständigkeit im Gebiet des heutigen Bayern, als die beiden römischen Feldherren Drusus und Tiberius die Alpen sowohl am Brenner als auch durch die Schweiz zur gleichen Zeit überschritten, die Kelten in die Zange nahmen und ihnen eine vernichtende Niederlage bereiteten. Damit geriet für nahezu fünf Jahrhunderte unsere Heimat unter römische Herrschaft.

Die keltischen Städte wurden zerstört. Die jungen Männer schickte man zum Militärdienst in weit entfernte römische Provinzen. Südbayern wurde zur römischen Provinz Rätien.

Als römische Grenzprovinz wurde sie zuerst militärisch, später auch verwaltungsmäßig dem Römischen Weltreich einverleibt. Die Römer sicherten das eroberte Land durch eine große Zahl von Kastellen (Burgen). Rhein und Donau bildeten drei Jahrhunderte lang die Grenze des Römischen Reiches gegen die kriegerischen Germanen. Zwischen den beiden Flüssen legten die Römer einen mächtigen Grenzwall, den Limes an. Er war mit Gräben, Mauern und Wachtürmen gesichert und ab etwa 80 n. Chr. durch die Grenzbefestigungsanlage des Limes, der sich über 548 Kilometer vom Rhein bis zur Donau (bei Eining/Regensburg) erstreckte. Der Rätische Limes, vom Volk später 'Teufelsmauer' genannt, reichte von Lorch bis Eining. Er war 166 km lang, die Mauer 2,5 bis 3 m hoch und etwa 1,2 m dick. Allein dieser Teil der Grenze wurde von 4 000 Reitern und etwa 13 000 Soldaten bewacht. Am Limes gab es über 1000 dreistöckige Wachtürme aus Holz oder Stein. Diese Türme standen zueinander in Sichtweite. Im Hinterland legten die Römer befestigte Truppenlager an. Diese Kastelle dienten den Soldaten als Unterkünfte und Vorrats- und Waffen-lager. Um diese Kastelle entstanden oft Städte mit gepflasterten Straßen, Marktplätzen, Wasser-leitungen, warmen Bädern (Thermen) und Steinhäusern. Die wichtigsten Städte im bayerischen Raum waren Augsburg (Augusta Vindelicorum), Passau (Castra Batava), Straubing (Sorviodurum), Regensburg (Castra Regina) und Kempten (Cambodunum). Die Römer überzogen das Land mit einem Netz gut ausgebauter Straßen.

So sah der Rätische Limes aus. Er schützte das Alpenvorland und das Land um den Neckar.

Vom Main bis zum Rhein reichten Erdwall und Pfahlwerk des germanischen Limes.

① *Suche die genannten Orte auf einer geeigneten Landkarte.*

② *Wie sicherten die Römer die eroberten Gebiete?*

③ *Informiere dich über Römerstraßen in deiner Gegend.*

④ *Überlege, warum es den Römern so leicht gelang, die Kelten zu besiegen.*

⑤ *Was geschah wohl mit der keltischen Bevölkerung nach der Eroberung?*

GSE

Wie die Römer das Land erobern und sichern

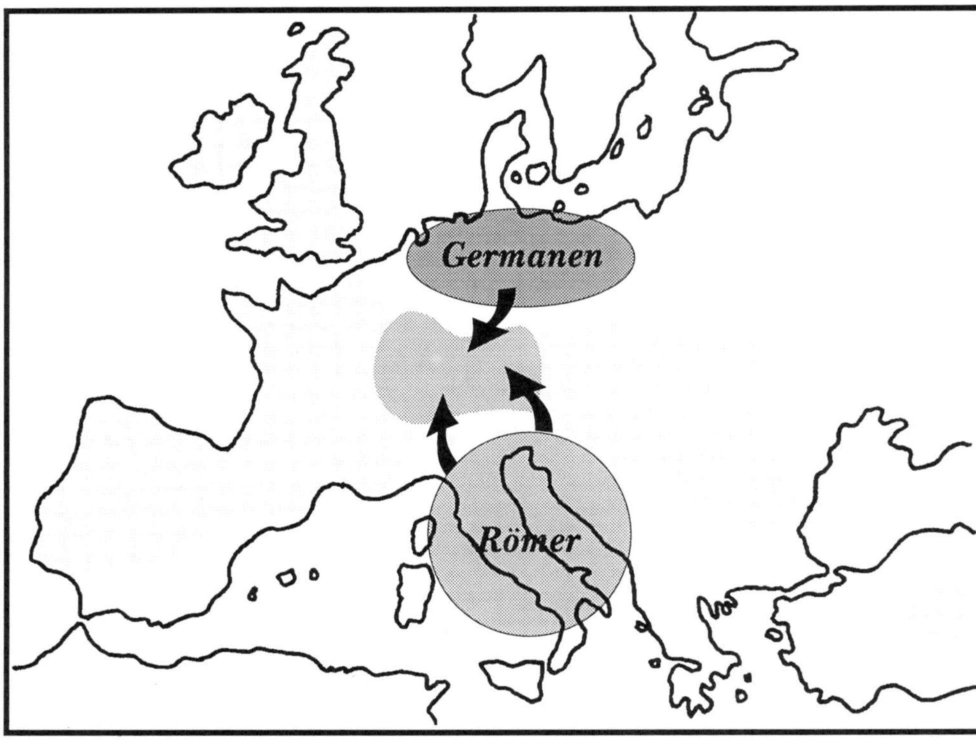

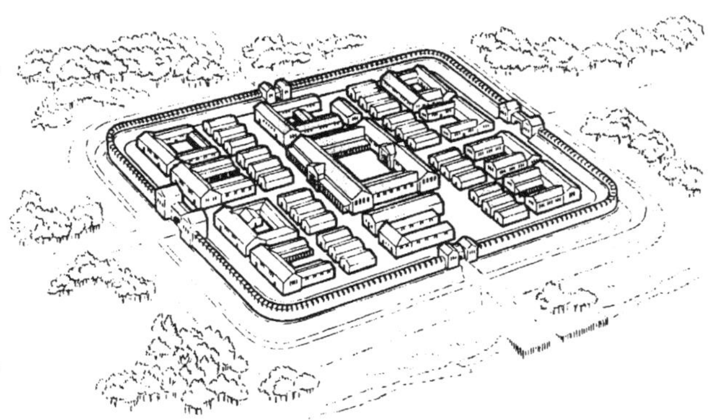

So kannst du dir ein römisches Kastell vorstellen

Das Eingangstor zur Saalburg

GSE

Die Römer erobern und sichern das Land

① Die Kelten geraten unter Druck

② Wie sicherten die Römer das eroberte Gebiet?

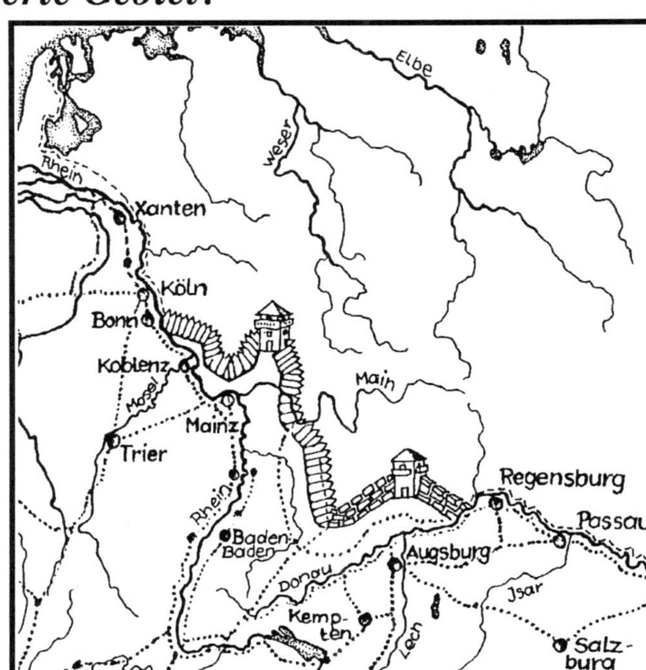

③ Wichtige römische Städte im bayerischen Raum:

GSE

Die Römer erobern und sichern das Land

① Die Kelten geraten unter Druck

Im letzten Jahrhundert v. Chr. wurden die Kelten von den Germanenstämmen im Norden und von den Römern im Süden bedroht.

Im Jahre 15 v. Chr. eroberten die römischen Legionen unseren Heimatraum.

Südbayern wurde zur römischen Provinz Rätien.

② Wie sicherten die Römer das eroberte Gebiet?

Sie errichteten viele Kastelle.

Sie bauten zwischen Rhein und Donau einen befestigten Grenzwall - den Limes.

Sie ließen die Grenze von vielen Soldaten bewachen.

Sie überzogen das Land mit einem Netz gut ausgebauter Straßen.

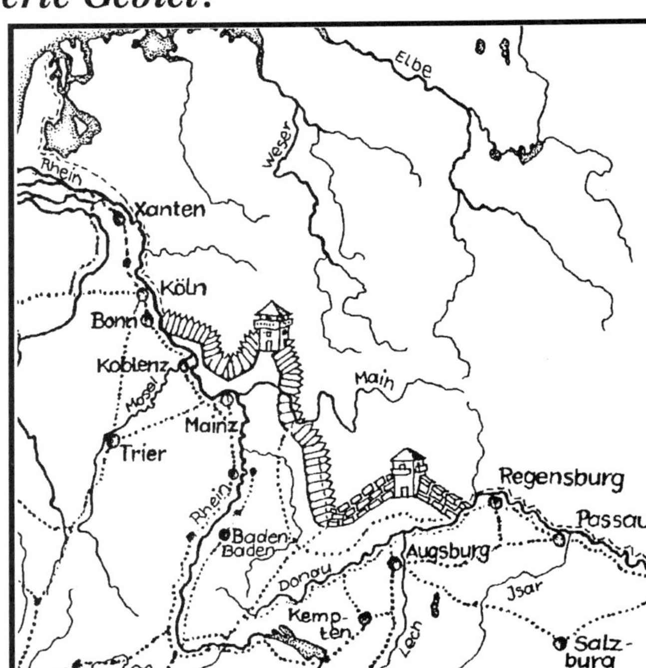

③ Wichtige römische Städte im bayerischen Raum:

Augsburg - Augusta Vindelicorum, Passau - Castra Batava, Straubing - Sorviodurum, Regenburg - Castra Regina, Kempten - Cambodunum

Die Ausbreitung der römischen Zivilisation

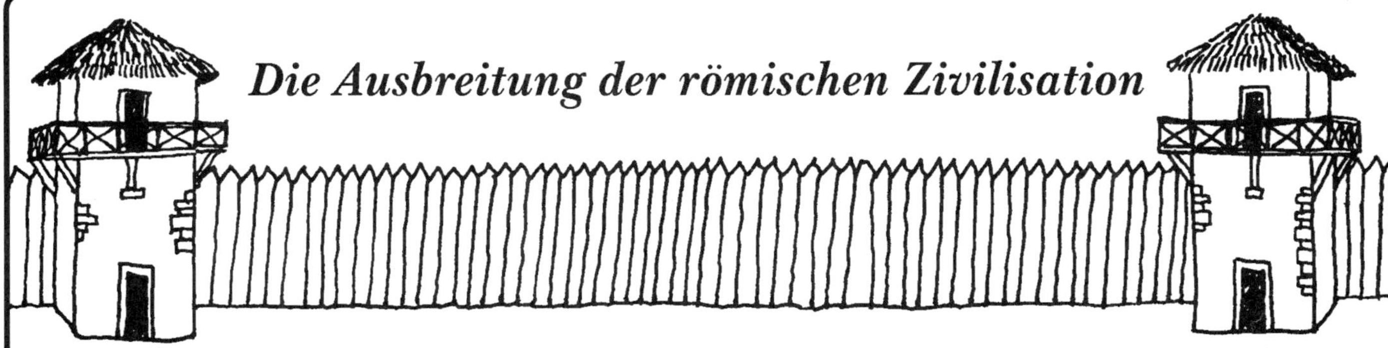

Durch die römische Herrschaft im süddeutschen Raum änderte sich vieles. Zuerst bauten die römischen Eroberer ihre Militärstützpunkte zur Sicherung ihrer Herrschaft aus. Um die befestigten Heerlager entstanden Städte mit Steinhäusern, gepflasteren Straßen, Marktplätzen, Wasserleitungen, warmen Bädern (Thermen), Gärten und Tempeln.
Das Land wurde mit einem Netz gut ausgebauter gepflasterter Straßen überzogen, das die einzelnen Städte miteinander verband und auf dem man schnell Truppen, Waffen und Verpflegung heranschaffen konnte. In den Städten sorgten Händler, kleine Handwerksbetriebe, aber auch große, fast fabrikartige Betriebe für die Versorgung der Bevölkerung mit allen Notwendigkeiten und Annehmlichkeiten des damaligen Lebens.
Als Mittelpunkt der Verwaltung der Provinz Rätien wurde Augusta Vindelicorum (das heutige Augsburg) gegründet und ausgebaut. Aber auch andere Städte in unserer Heimat blühten unter der römischen Herrschaft auf: Kempten, Passau, Straubing, Regensburg, Günzburg und etliche andere.
Soldaten, die ihre Zeit abgedient hatten, bekamen ein ansehnliches Stück Land zugewiesen. Sie siedelten sich dort an. Dazu kamen bald auch andere Siedler aus dem Römischen Reich. So entstanden außerhalb der Städte große Landgüter. In Bayern hat man schon mehr als 200 solcher römischer Landhäuser (villa rustica) gefunden. Wie in den Städten wollten auch die Besitzer dieser Güter nicht auf den gewohnten Luxus verzichten, sie statteten deshalb ihre Häuser mit Heizungen, Bädern, Innenhöfen, schönen Möbeln und Kunstwerken aus.
Die ansässigen Kelten fanden Gefallen an dieser Lebensweise, war sie doch um vieles bequemer und luxuriöser. Die Kelten übernahmen nicht nur die lateinische Sprache der Römer und deren überlegene Technik, sondern auch deren Lebensart und Errungenschaften. So wuchsen die Menschen allmählich zu einer Gemeinschaft zusammen. Archäologen haben Familiengrabsteine gefunden, auf denen die Eltern noch keltische Namen trugen, die Kinder aber schon römische. So wurde die keltische Bevölkerung unserer Heimat zum Romanen. Mit Ausnahme der Sklaven erhielten sie auch das römische Bürgerrecht. Sie dienten im römischen Heer, wurden römische Staatsbeamte, zahlten römische Steuern mit römischem Geld und urteilten nach römischem Recht. Die Bevölkerung unserer Heimat übernahm schließlich, wie alle Bewohner im Römischen Reich, den christlichen Glauben. Da die Römer überall in den besetzten Gebieten für Frieden, Sicherheit und Recht sorgten, blühten Handwerk und Landwirtschaft auf. Ungehindert konnte man auf den römischen Heerstraßen reisen und seine Waren transportieren.
In den Grenzgebieten entwickelte sich zwischen der romanischen Bevölkerung und den Germanen im Norden ein friedlicher Tauschhandel. Germanische Händler kamen in die römischen Provinzen, um ihre Waren (Felle, blondes Frauenhaar, Feldfrüchte, Seife) anzubieten und römische Güter zu kaufen. Junge Germanen kamen auch über die Grenze, um im römischen Heer zu dienen. Sie übernahmen dort die römische Lebensart, wurden römische Bürger und erhielten nach Ablauf ihrer Dienstzeit ein Stück Land im Grenzgebiet zugewiesen. So entwickelte sich im bayerischen Raum eine Mischbevölkerung aus Kelten, Römern und Germanen.

① *Was unternahmen die Römer zur Sicherung des besetzten Landes?*
② *Warum übernahmen die Kelten und Germanen so vieles von den Römern?*
③ *Wozu führten Frieden, Sicherheit und Recht?*
④ *Was hältst du davon, wenn verschiedene Völker miteinander verschmelzen?*

GSE

Die Römer bringen ihre Zivilisation

Öffentliche Brunnen an jeder Straßenkreuzung und öffentliche Bäder waren für die Römer selbstverständlich. Um ihre Städte mit den enormen Trinkwassermengen zu versorgen, bauten die Römer gewaltige Wasserleitungen.

Ein Netz befestigter, mit Steinen gepflasterter Straßen durchzog das gesamte Reich. Es verband die großen Städte. Die Straßen waren zu jeder Jahreszeit befahrbar und erleichterten den Handelsverkehr.

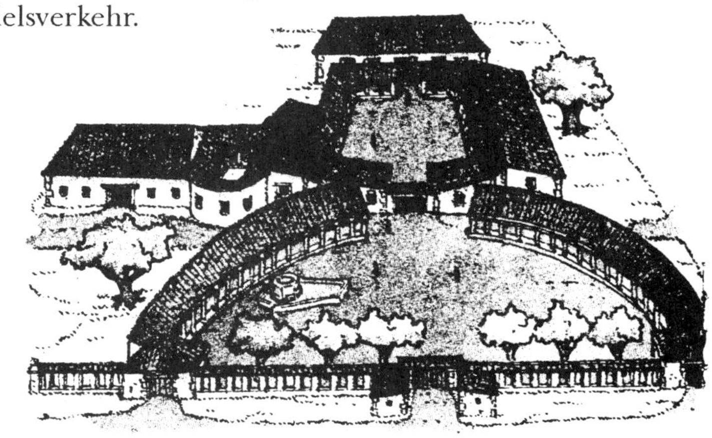

Auf dem Land entstanden größere und kleinere Landgüter. Viele von ihnen waren mit Malereien, Mosaiken und Statuen ausgeschmückt.

Die Städte in den Provinzen wetteiferten darum, es den Städten Italiens gleichzutun. Sie hatten Theater, Tempel, Bäder (Thermen), Wettkampfstätten (Arenen) und öffentliche Gärten und Plätze (Foren). In den Städten wohnten Handwerker, Händler und Beamte. Als Unterhaltung waren Wagenrennen und Gladiatorenkämpfe sehr beliebt.

① *Informiere dich über Ausgrabungen aus der Römerzeit in deiner näheren Umgebung.*

② *Vielleicht könnt ihr einmal einen Klassenausflug in eine Römerstadt oder zu einer Ausgrabung unternehmen. Redet mit eurem Klassenlehrer darüber.*

③ *Vergleiche das Leben und die Errungenschaften der Römer mit dem, was du über die Kelten und Germanen erfahren hast.*

GSE

Ausbreitung der römischen Zivilisation

① Unsere Vorfahren lernten viel von den Römern

② Römische Wörter in unserer Sprache

Von den Römern übernahmen Kelten und Germanen auch die Bezeichnungen für die neuen Sachen und Begriffe.
Suche zu den angegebenen Wörtern die richtige Bedeutung!

Birne, Fenster, Glas, Kalk, Kammer, Keller, Kirsche, Meile, Mörser, Nuss, Pflaster, Pforte, Rettich, Schüssel, Spiegel, Straße, Wein, Ziegel

calx	________	*mortarium*	________	*scutula*	________
camera	________	*nux*	________	*speculum*	________
cellarium	________	*pirum*	________	*strata*	________
cerasum	________	*plastrum*	________	*tegula*	________
fenestra	________	*porta*	________	*vinum*	________
milia	________	*radix*	________	*vitrum*	________

Ausbreitung der römischen Zivilisation

① *Unsere Vorfahren lernten viel von den Römern*

Schrift:
Lesen und schreiben

Bauen mit Steinen, Ziegeln und Mörtel

Wein-, Obst und Gemüseanbau

christlicher Glaube

Münzen, Maße und Gewichte

handwerklic Künste

Steuern und Verwaltung

Stra Brückenbau

mgang mit Geld

römische Kunst

② *Römische Wörter in unserer Sprache*

Von den Römern übernahmen Kelten und Germanen auch die Bezeichnungen für die neuen Sachen und Begriffe.
Suche zu den angegebenen Wörtern die richtige Bedeutung!

Birne, Fenster, Glas, Kalk, Kammer, Keller, Kirsche, Meile, Mörser, Nuss, Pflaster, Pforte, Rettich, Schüssel, Spiegel, Straße, Wein, Ziegel

calx	**Kalk**	mortarium	**Mörser**	scutula	**Schüssel**
camera	**Kammer**	nux	**Nuss**	speculum	**Spiegel**
cellarium	**Keller**	pirum	**Birne**	strata	**Straße**
cerasum	**Kirsche**	plastrum	**Pflaster**	tegula	**Ziegel**
fenestra	**Fenster**	porta	**Pforte**	vinum	**Wein**
milia	**Meile**	radix	**Rettich**	vitrum	**Glas**

GSE

Das Römische Reich in der Krise

Gegen Ende des dritten Jahrhunderts befand sich das Römische Reich in einer andauernden Krise. Nicht nur an den Grenzen, sondern auch im Inneren litt die Bevölkerung unter den Lasten der ständigen Kriege. Die Abgaben für den Unterhalt des Heeres und die ständig wachsende Verwaltung waren drückend, die Preise stiegen, zahlreiche Familien hatten Gefallene zu beklagen, immer wieder gab es Plünderungen. Grenzgebiete gingen teilweise oder ganz verloren.
Wer in dieser unruhigen Zeit Kaiser wurde, bestimmten die Grenztruppen. Sie riefen einen beliebten oder verdienten Offizier aus ihren Reihen zum Kaiser aus. Waren sie von ihm enttäuscht oder hielten sie einen anderen für fähiger, so ließ man den Vorgänger aus dem Wege schaffen.

Die folgenden Kaiser regierten zwischen 193 und 285:

Pertinax (ermordet)	*193*
Didius Julianus (ermordet)	*193*
Pescennius Niger (ermordet)	*193 - 194*
Clodius Albinus (gefallen)	*193 - 197*
Septimius Severus	*193 - 211*
Geta (ermordet)	*211 - 212*
Caracalla (ermordet)	*211 - 217*
Macrinus (ermordet)	*217 - 218*
Elagabalus (ermordet)	*218 - 222*
Severus Alexander (ermordet)	*222 - 235*
Maximinus Thrax (ermordet)	*235 - 238*
Gordianus I.	*238*
Gordianus II. (gefallen)	*238*
Balbinus (ermordet)	*238*
Pupienus (ermordet)	*238*
Gordianus III. (ermordet)	*238 - 244*
Philippus Arabs (ermordet)	*244 - 249*
Decius (gefallen)	*249 - 251*
Trebonianus Gallus (ermordet)	*251 - 253*
Volusianus (ermordet)	*251 - 253*
Aemilianus (ermordet)	*253*
Valerian (als Gefangener gestorben)	*253 - 260*
Gallienus (ermordet)	*260 - 268*
Claudius Gothicus	*268 - 270*
Aurelianus (ermordet)	*270 - 275*
Tacitus (ermordet)	*275 - 276*
Probus (ermordet)	*276 - 282*
Carus (ermordet)	*282 - 283*
Numerianus (ermordet)	*283 - 284*
Carinus (ermordet)	*283 - 285*

Die größte Bedrohung stellten die germanischen Stämme an der Rhein- und Donaugrenze dar. Immer wieder drangen sie in römisches Gebiet ein und plünderten Städte und Dörfer.
Zwar versuchten die Römer, diese unruhigen Nachbarn durch Strafexpeditionen zu 'befrieden', doch es gelang ihnen nie dauerhaft. Im Jahre 9 n. Chr. gelang es den Germanen sogar, ein riesiges römisches Heer im Teutoburger Wald zu vernichten.

Germanen greifen ein römisches Lager an.

① Warum mussten die Römer wohl so viele Kriege führen?
② Wenn du damals als Germane gelebt hättest: Mit welchen Argumenten würdest du versuchen, deine Freunde zu einem Überfall auf eine römische Siedlung zu überreden?
③ Beschreibe, was du auf dem Bild alles siehst!
④ Oft regierten mehrere Kaiser gleichzeitig. Die meisten wurden ermordet. Wie ist das zu erklären?

GSE

Das Ende der römischen Herrschaft in Bayern

Seit zwei Jahrhunderten herrschten nun die Römer in unserer Heimat. Verschiedene germanische Stämme waren während dieser Zeit vom Norden her auf die römischen Grenzen zugewandert. Immer wieder hatten es die Römern geschafft, das Eindringen dieser Stämme zu verhindern. Im dritten Jahrhundert gelang es den germanischen Alemannen zweimal, den Limes zu überwinden und in Rätien einzufallen. Städte und Dörfer wurden geplündert, Höfe und Landgüter verwüstet und verbrannt. Zwar vertrieben die römischen Soldaten die Eindringlinge wieder, aber das Land blieb weitgehend unbewohnt.
Um das Jahr 400 wurden die letzten verbliebenen römischen Truppen aus der Provinz Rätien zurückberufen. Sofort drangen germanische Stämme ein. Sie zogen entlang der Flussläufe, auf der Suche nach Beute und fruchtbarem Ackerboden. Im Raum des heutigen Schwabens siedelten die Alemannen. Sie wurden von ihren Nachbarn Sweben (Schwaben) genannt und breiteten sich bis in die Schweiz und in das Elsass aus. Die Franken (frank = frei) besetzten im 6. Jahrhundert das Land am Main. Vorher hatten sie die Römer aus dem Gebiet des heutigen Frankreich vertreiben und dort ein Reich gegründet. In das Land zwischen Lech und Salzach zogen verschiedene germanische Stämme und Sippen. Diese verschmolzen mit der romanischen Bevölkerung und wurden so zu den Bajuwaren.

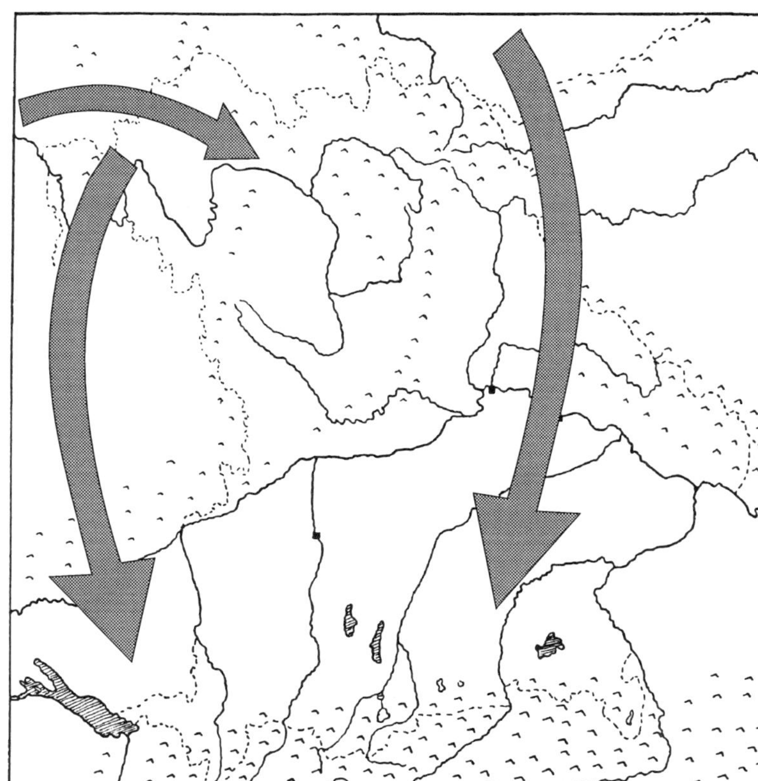

Bis zum 8. Jahrhundert war die Besiedelung unseres Heimatraumes durch die germanischen Stämme weitgehend abgeschlossen.
Nicht alle römischen Städte waren bei der Landnahme der Germanen untergegangen. Vor allem die größeren Städte Augusta Vindelicorum, Cambodunum und Castra Regina hatten die Wirren dieser Zeit überdauert. Aber auch in den Namen vieler Flüsse, Berge und Orte, in Sagen und Bräuchen und nicht zuletzt in vielen Wörtern unserer Sprache blieb das keltisch-romanische Erbe erhalten.

① Suche die genannten Städte auf der Karte und markiere sie!
② Ordne den Pfeilen die entsprechenden germanischen Stämme zu!
③ Wie verhielten sich die germanischen Eindringlinge?
④ Was suchten sie?
⑤ Welche Stämme siedelten in unserem Heimatraum?
⑥ Sind die Bajuwaren ein germanischer Stamm?

GSE

Die Besiedelung Bayerns

Heute werden in Bayern drei Mundarten gesprochen:

______________ ______________ ______________

Diese drei Mundarten stammen von den drei Volksstämmen, die unsere Heimat nach dem Ende der römischen Herrschaft besiedelten.

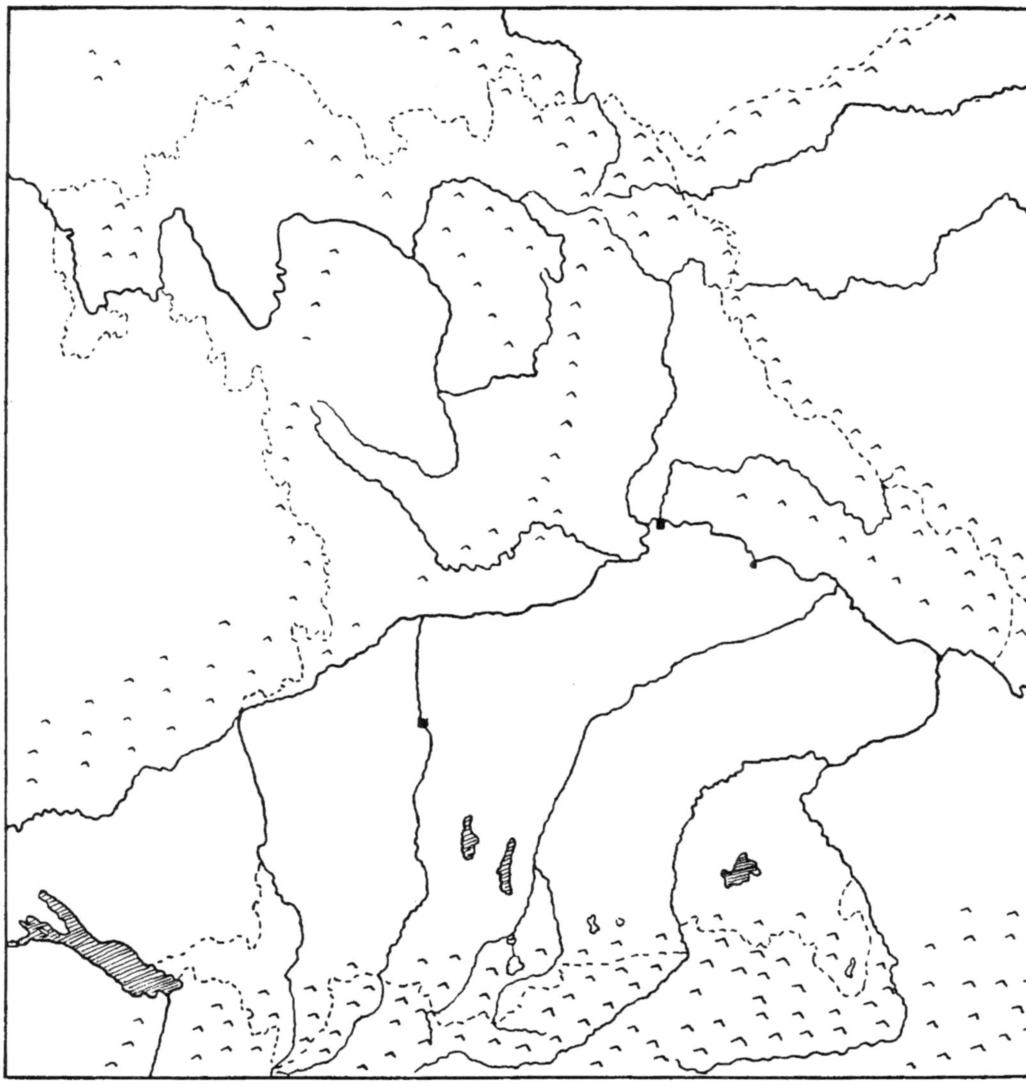

Die Endungen vieler Ortsnamen geben Hinweise auf die Besiedelung.

GSE

Die Besiedelung Bayerns

Heute werden in Bayern drei Mundarten gesprochen:

fränkisch ***schwäbisch*** ***bayerisch***

Diese drei Mundarten stammen von den drei Volksstämmen, die unsere Heimat nach dem Ende der römischen Herrschaft besiedelten.

Franken

Bajuwaren

Alemannen

= Schwaben

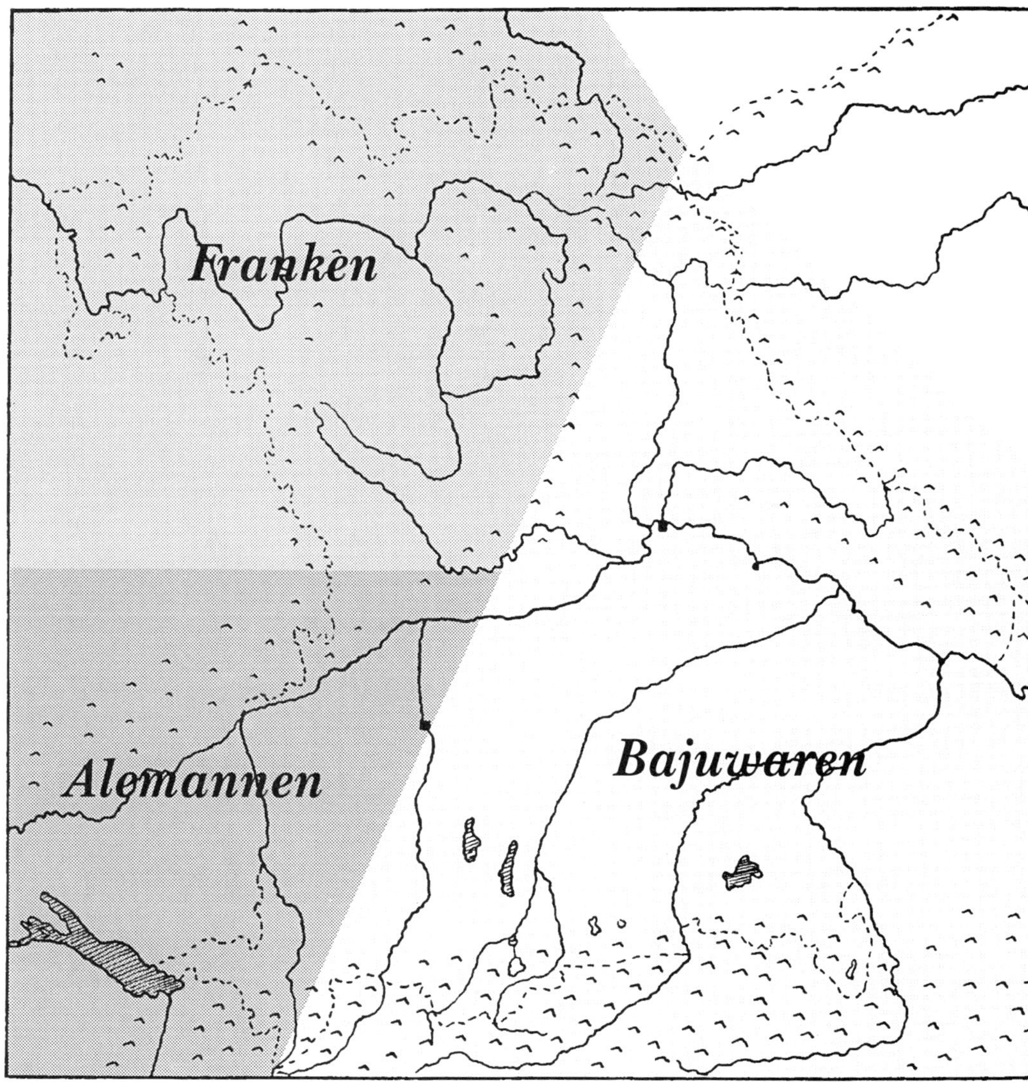

Die Endungen vieler Ortsnamen geben Hinweise auf die Besiedelung.

Bajuwaren -ing	***besiedeln um 500 das Donaugebiet und das Voralpenland (Halfing, Straubing ...)***
Franken -heim	***seit dem 3. Jahrhundert am Main, an Naab und Altmühl (Forchheim, Kelheim, ...)***
Alemannen -ingen	***seit dem 3. Jahrhundert an Rhein, Lech und Bodensee (Villingen, Memmingen, ...)***

Germanen - Bajuwaren

- ❍ Lebensbedingungen der Germanen
- ❍ Herkunft der Bajuwaren
- ❍ Siedlungsräume der Bajuwaren
- ❍ Lebensbedingungen der Bajuwaren

❶ Wie lebten die Germanen?

① **So lebten die Germanen** Herkunft der Germanen Lebensbedingungen: Klima, landwirtschaftliche Produkte, alltägliche Dinge, Handelsprodukte, Kleidung, Zusammenleben in Sippen, soziale Gliederung, Götterglauben Vergleichen mit den Lebensbedingungen der Römer	AB (S. 26)
② **Wie lebten die Germanen?** Anhand eines historischen Textes folgende Gesichtspunkte herausarbeiten: Aussehen/Kleidung, Bauweise der Häuser, Nahrung, Bewaffnung	AB (S. 27) ✎ *Lösung S.28*
③ **Von den Germanen** Anhand von Abbildungen erarbeiten: Wohnsituation (Gehöft und Wohnhaus), Haushaltsgeräte, Aussehen und Bewaffnung der Krieger	Infoblatt S. 29
④ **Germanen und Römer** Idealisierte Abbildung auswerten	Infoblatt S. 30

❷ Bajuwaren

① **Von den Bajuwaren** Das Bayernbild heute und die Realität Klären der Herkunft: Die Bajuwaren als Mischvolk Siedlungsräume Von Ortsnamen aus der Umgebung auf den bajuwarischen Ursprung schließen	AB (S. 31)
② **Wie lebten die Bajuwaren?** Fragen zur Erschließung: Wie sahen die Häuser der Bajuwaren aus? Was wurde angebaut? Wichtige Haustiere? Größe und Lebenserwartung der Bajuwaren? Wie sah ihre Kleidung aus? Vergegenwärtigen der Lebens- und Wohnsituation	AB (S. 32)
③ **Die Bajuwaren** 'Wer waren die Bajuwaren?' (Klären der Herkunft) 'Wie lebten die Bajuwaren?' (Lebensumstände) 'Welche Berufe gab es ?' 'Was uns die Ortsnamen verraten'	AB (S. 33) ✎ *Lösung S.34*

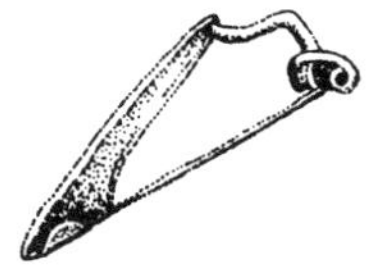

So lebten die Germanen

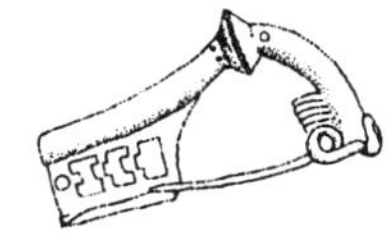
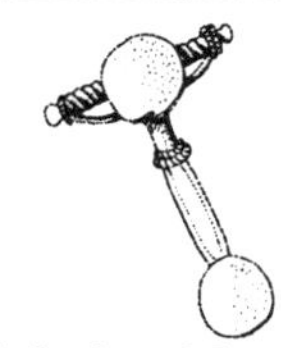

Mit dem Namen Germanen bezeichnet man eine Vielzahl von Stämmen, die ursprünglich im Norden Europas zu Hause waren. Sie lebten dort in kleinen Dörfern oder Einzelhöfen als Ackerbauern und Viehzüchter. Bis ins 1. Jahrhundert drangen sie fächerförmig nach Süden vor und besiedelten den Raum zwischen Nord- und Ostsee, Rhein, Donau und Weichsel.
Das Leben muss nicht leicht gewesen sein, denn das Klima damals war deutlich kühler und feuchter als heute. Es gab riesige Moorgebiete und undurchdringliche Wälder. Inmitten dieser Urwaldlandschaft siedelten die Germanen entlang von Flüssen auf trockenem Boden. Auf ihren Feldern bauten sie Getreide, Flachs, Kohl, Rüben, Erbsen und Bohnen an. Die Ausbeute der Felder war gering, nur etwa ein Zehntel der heute üblichen Erträge. An Obst verzehrte man, was in der Natur wild wuchs. Erst von den Römern übernahmen die Germanen den Obst- und Weinbau. Das Rind war das wichtigste Haustier. Es lieferte Milch, Käse und Fleisch; es zog Pflug und Wagen. Daneben gab es Ziegen und Schweine, Schafe und Geflügel.
Die meisten Dinge für den täglichen Gebrauch wurden auf dem Hof selbst hergestellt. Einfache Möbel, Gerätschaften und Schüsseln fertigte man aus Holz, Töpfe und Vorratsgefäße aus Ton. Auch die Kleidung fertigte man selbst. In jedem Haus stand ein Webstuhl, auf dem die Frauen Schafwolle und Flachs zu Wolldecken und Leinenstoffen verwebten. Durch Tauschhandel erwarben sie die Dinge, die sie nicht selbst herstellen konnten.
Nur wenige, schlecht ausgebaute Handelsstraßen durchzogen das Land. Auf ihnen gelangten Salz, Felle, Wolle, Bernstein, Seife und das bei den Römern besonders beliebte blonde Frauenhaar in den Süden. Aus den römischen Gebieten kamen Wein, Luxusgegenstände und vor allem Kupfer und Zinn für die Bronzeherstellung.
Als Kleidung tugen die Männer lange Hosen, darüber einen kurzen Kittel mit einem Gürtel. Gegen Kälte und Regen schützte eine große Decke, die über der Schulter getragen wurde. Die Frauen trugen ein Untergewand aus Leinen mit einem Gürtel. Wie die Männer trugen sie einen Überwurf, der von kunstvollen Broschen, den Fibeln, zusammengehalten wurde. Wie reich und angesehen jemand war, ließ sich leicht an der Kostbarkeit der verschiedenen Schmuckstücke ablesen.
In ihren kleinen Siedlungen lebten die Germanen in Großfamilien zusammen. An der Spitze stand der Hausvater, dem die Familie und das Gesinde gehorchen mussten. Auch die Hausherrin nahm eine besondere Stellung ein. Alle Blutsverwandten bildeten eine Sippe. Ohne deren Schutz war der Einzelne verloren, in einer Zeit, in der es weder Polizei noch staatliche Gerichte gab.
Bei den Germanen gab es Freie und Unfreie. Die Unfreien waren Eigentum ihres Herrn; sie mussten für ihn hart arbeiten und hatten keine Rechte. Die Freien erkannte man daran, dass sie sich die Haare lang wachsen ließen und Waffen trugen. Daneben gab es noch Edelinge, das waren Adelige, denen die freien Männer durch Eid zur Treue und Heerfolge verpflichtet waren.
Die Germanen glaubten an eine Vielzahl von Naturgöttern. Für sie war die gesamte Umwelt von Gottheiten bewohnt, die Einfluss auf die Menschen hatten. Die Altäre der Götter standen an besonderen Plätzen im Freien, wo vornehme Männer und Frauen den Opferdienst verrichteten. Manchmal wurden auch Menschen den Göttern geopfert.

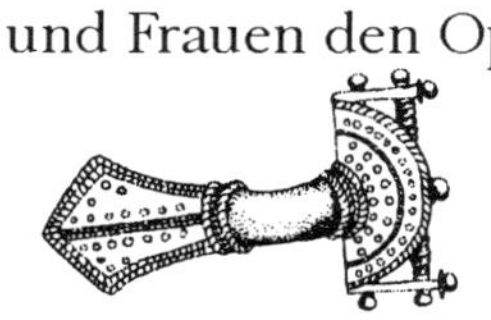
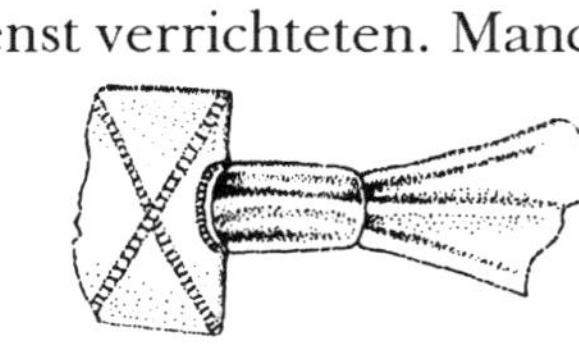

① Vergleiche das Leben der Germanen mit dem Leben der Menschen in der Metallzeit.
② Welche Annehmlichkeiten, die für die Römer selbstverständlich waren, kannten die Germanen nicht?
③ Wie konnte eine Sippe ihre Mitglieder schützen?
④ Diskutiert: Freie gegen Unfreie.
⑤ Hättest du gerne bei den Germanen gelebt? Begründe deine Entscheidung.

GSE

Wie lebten die Germanen?

Germanisches Paar zur Römerzeit

Tacitus, ein römischer Schriftsteller, erzählt uns über die Germanen:
"Alle haben trotzige, blaue Augen, rotblondes Haar und hünenhafte Leiber. Am wenigsten sind sie Durst und Hitze zu ertragen gewöhnt, wohl aber Kälte und Hunger.
Als Obergewand tragen alle Männer einen mantelartigen Überwurf, der mit einer Spange zusammengehalten wird. Die Frauen hüllen sich öfter in lange Leinengewänder, die den Unter- und Oberarm unbedeckt lassen.
Die Germanenstämme leben nicht in Städten. Sie siedeln in einzelnen, voneinander weit abliegenden Gehöften, je nachdem, wie ihnen ein Quell, ein Feld oder ein Hain gefällt. Ihre Dörfer legen sie nicht in unserer Art an, dass die Häuser eng beieinander stehen und eine Straße bilden: Jeder umgibt seinen Hof mit einem freien Raum. Nicht einmal Bruch- oder Backsteine sind bei ihnen im Gebrauch; sie verwenden zu allem roh behauenes Bauholz, ohne auf einen schönen Anblick Wert zu legen.
Die Speisen sind einfach: wild wachsendes Obst, frisch erlegtes Wild oder geronnene Milch. Sie stillen den Hunger, ohne die Speisen richtig zu würzen. Als Getränk dient ihnen ein Saft, der unter Verwendung von Gerste oder Weizen bereitet wird und ähnlich wie Wein vergoren ist.
Sie tragen Stoßlanzen mit einer schmalen und kurzen, aber scharfen Eisenspitze. Es gibt kein Prunken mit schmucken Waffen, nur die Schilde bemalen sie unterschiedlich mit besonders ausgesuchten Farben. Ihre Pferde fallen weder durch Schönheit, noch durch Schnelligkeit auf!"

GSE

Wie lebten die Germanen?

Germanisches Paar zur Römerzeit

Tacitus, ein römischer Schriftsteller, erzählt uns über die Germanen:

"Alle haben trotzige, blaue Augen, rotblondes Haar und hünenhafte Leiber. Am wenigsten sind sie Durst und Hitze zu ertragen gewöhnt, wohl aber Kälte und Hunger.

Als Obergewand tragen alle Männer einen mantelartigen Überwurf, der mit einer Spange zusammengehalten wird. Die Frauen hüllen sich öfter in lange Leinengewänder, die den Unter- und Oberarm unbedeckt lassen.

Die Germanenstämme leben nicht in Städten. Sie siedeln in einzelnen, voneinander weit abliegenden Gehöften, je nachdem, wie ihnen ein Quell, ein Feld oder ein Hain gefällt. Ihre Dörfer legen sie nicht in unserer Art an, dass die Häuser eng beieinander stehen und eine Straße bilden: Jeder umgibt seinen Hof mit einem freien Raum. Nicht einmal Bruch- oder Backsteine sind bei ihnen im Gebrauch; sie verwenden zu allem roh behauenes Bauholz, ohne auf einen schönen Anblick Wert zu legen.

Die Speisen sind einfach: wild wachsendes Obst, frisch erlegtes Wild oder geronnene Milch. Sie stillen den Hunger, ohne die Speisen richtig zu würzen. Als Getränk dient ihnen ein Saft, der unter Verwendung von Gerste oder Weizen bereitet wird und ähnlich wie Wein vergoren ist.

Sie tragen Stoßlanzen mit einer schmalen und kurzen, aber scharfen Eisenspitze. Es gibt kein Prunken mit schmucken Waffen, nur die Schilde bemalen sie unterschiedlich mit besonders ausgesuchten Farben. Ihre Pferde fallen weder durch Schönheit, noch durch Schnelligkeit auf!"

Aussehen/Kleidung	***Bauweise***	***Nahrung***	***Bewaffnung***
blaue Augen rotblondes Haar sehr groß Männer: mantelartiger Überwurf Frauen: ärmellose Gewänder aus Leinen	***Einzelhöfe, weit voneinander entfernt nur roh behauenes Bauholz legen keinen Wert auf Schönheit***	***einfache Speisen: wild wachsendes Obst, Wild, kaum Gewürze, geronnene Milch, Getränk: Bier***	***Stoßlanzen mit Eisenspitze, bemalte Schilde, kein Prunk, Pferde***

GSE

Von den Germanen

Modell eines germanischen Gehöfts mit Wohnhaus, Stallungen, Schuppen, Webhäusern, Schmiede, Vorratshäusern und Getreiderosten

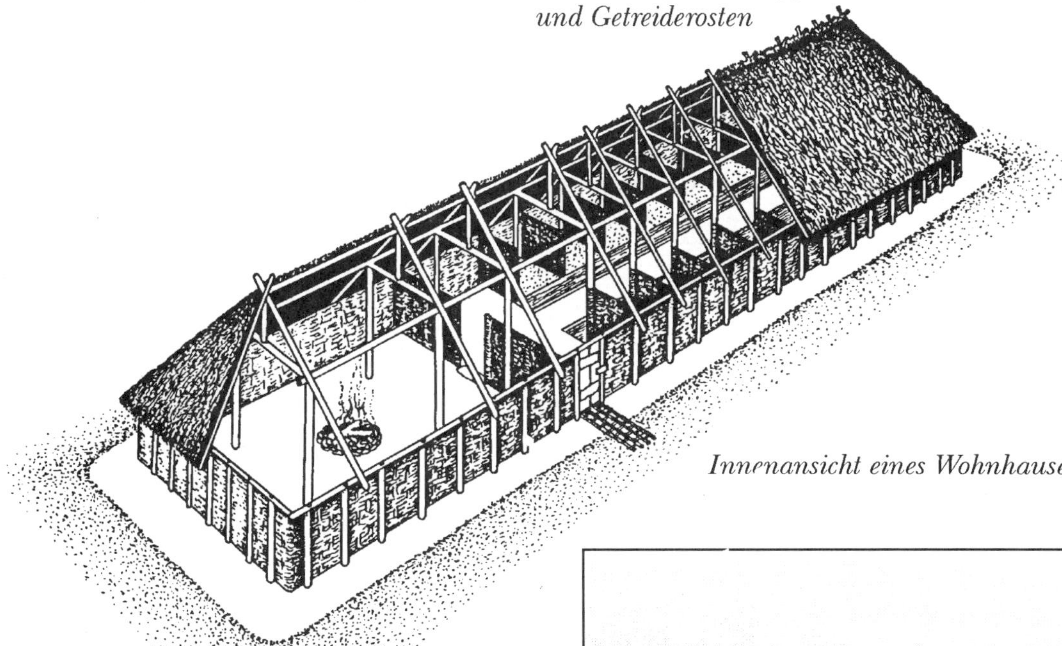

Innenansicht eines Wohnhauses

Haushaltsgeräte der Germanen

Germanische Krieger. Der Mann in der Mitte trägt das Feldzeichen einer Sippe.

GSE

Germanen und Römer

GSE

Von den Bajuwaren

① Wer waren die Bajuwaren?

Stimmt es, dass irgendwann ein geheimnisvoller germanischer Stamm auftauchte und sich zielbewusst zwischen der Donau und den Alpen niedergelasssen hat, wo er noch heute sitzt? Dass diese Menschen kurze Lederhosen, Wadelstrümpfe und Gamsbärte an den Hüten trugen, sich mit Schweinebraten, Knödeln und Bier den Bauch vollschlugen? Ist es wahr, dass die Mannsbilder morgens zum Wildern auf den Berg kraxelten, abends zum Raufen und Fingerhakeln ins Wirtshaus gingen und nachts zum Fensterln auf die Leiter stiegen?
Die Antwort ist niederschmetternd: Nichts von dem, was wir für typisch bajuwarisch halten, lässt sich heute wissenschaftlich nachweisen.
Der Name 'Bajuwaren' taucht erstmals um 540 in einer Reisebeschreibung eines Römers auf, der vom Ammersee nach Augsburg reiste und berichtete, er habe den Lech in 'Baiuvaria' überschritten. Während sich die Geschichte anderer Stämme, wie der Alemannen und Franken gut zurückverfolgen lässt, gibt die Herkunft der Bajuwaren nach wie vor Rätsel auf. Heute nimmt man an, dass nach dem Zusammenbruch der römischen Herrschaft im süddeutschen Raum, also etwa um 500, aus allen benachbarten Ländern Menschen in das Gebiet des heutigen Bayerns geströmt sind und sich mit den Resten der romanischen Bevölkerung das Land aufgeteilt haben. Erst allmählich sind sie zu einem Stamm zusammengewachsen, eben zu den Bajuwaren. Woher kommt aber nun der Name 'Bajuwaren'? 'Baiuvarii' bedeutet 'Männer aus dem Lande Baia'. Wo aber lag dieses Baia? Wahrscheinlich in Böhmen, also östlich des Bayerischen Waldes. Die Wissenschaftler haben lange nachgeforscht, ob die Bajuwaren als ganzer Stamm aus Böhmen in unsere Heimat eingewandert sind. Heute glauben sie, dass zu den Bajuwaren unterschiedliche Stammesgruppen gehörten, die bereits zur Römerzeit ins Land kamen. Allem Anschein nach hatten diese 'Bajuwaren' den Auftrag, als römische Hilfstruppen Regensburg gegen die anderen nachdrängenden Germanen zu verteidigen. Als sich nun 488 die römischen Soldaten aus diesem Raum zurückzogen, blieben die Nachkommen dieser 'Männer aus Baia' im Lande und machten das stark befestigte Regensburg zu ihrer Hauptstadt. Sie haben so wohl entscheidend dazu beigetragen, dass sich nun ein Stamm und auch wieder eine politische Herrschaft formte.

② Wo siedelten die Bajuwaren?

Die Bajuwaren legten ihre Siedlungen vor allem an Flüssen oder in trockenen Tälern im heutigen Ober- und Niederbayern aber auch in Oberösterreich an. Die Wortendung - ing oder - ingen lässt uns diese ersten Ansiedlungen leicht auf der Landkarte finden. Das Bestimmungswort dieser Ortsnamen ist oft ein Personenname, etwa des bajuwarischen Anführers Sentilo, der die Ortschaft Sendling (heute ein Stadtteil Münchens) gründete. Viele Ortsnamen verraten uns auch, dass das Land in mühevoller Arbeit dem Wald abgerungen werden musste. Diese Ortsnamen enden dann auf -reuth (=roden, ausreißen), -holzen (=Wald), -lohe (=Laubgehölz), -buch (=Buche) und -wang (=am Hang). Auf den weiteren Ausbau des Siedlungslandes deuten Ortsnamen mit den Endungen -hausen, -hofen und -heim.

① Wie stellst du dir einen typischen Bajuwaren vor?
② Woher kommt der Name 'Bajuware'?
③ Warum wurden die römischen Soldaten zurückgerufen?
④ Wo in deiner Umgebung siedelten die Bajuwaren?
⑤ Warum siedelten sie an Flüssen und in trockenen Tälern?
⑥ Erkundige dich, wann und von wem dein Heimatort gegründet worden ist.

GSE

Wie lebten die Bajuwaren?

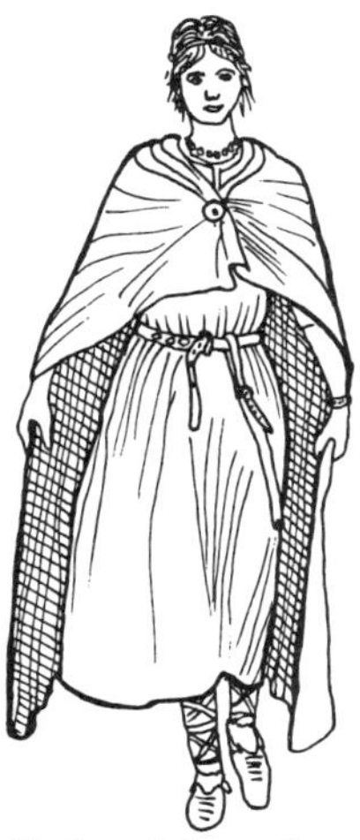

Die meisten Bajuwaren lebten damals in kleinen Siedlungen, die aus zehn bis zwanzig Gebäuden bestanden. Das waren mehr oder weniger große rechteckige Gebäude aus Holz.
Das Wohnhaus der Familie eines freien Mannes war etwa 6 m breit und zwischen 12 m und 25 m lang. Es war aus Holz, Flechtwerk und Lehm gebaut. Der Fußboden bestand aus gestampftem Lehm, das Dach war mit Stroh oder Schilf gedeckt. Die Räume für die Tiere waren nur durch geflochtene Zwischenräume vom Wohnraum der Menschen getrennt. In der Mitte dieses Raumes lag eine offene Feuerstelle. Besonders gemütlich war es sicherlich nicht, denn durch die winzigen Fensteröffnungen drang kaum Licht und der Rauch konnte nur durch ein kleines Loch im Dach abziehen. In diesem finsteren, rußigen Raum standen die grob gefertigten Möbel der Bajuwaren: Tische, Bänke, Stühle und Truhen. Geschlafen wurde auf einem 'Bett' aus Stroh, Reisig oder getrocknetem Moos. Neben diesem großen Wohnhaus gab es noch kleine Grubenhäuser, das waren überdachte Erdkeller, in denen die Bajuwaren ihre Vorräte, die es feucht und kalt, jedoch frosticher haben mussten (z.B. Rüben und Obst), lagerten. Solche Keller wurden oft auch als Arbeitskeller benutzt; in ihnen standen die Webstühle, auf denen Flachs oder Wolle zu Kleiderstoffen und Decken verarbeitet wurde. Vorräte, die trocken gelagert werden mussten (Getreide und Saatgut), verwahrte man in kleinen, auf Pfosten erhöht gebauten Speichern. Gab es keinen Fluss oder Bach in der Nähe, so legten die Bajuwaren Brunnen an. Der Brunnenschacht wurde bis zum Grundwasser gegraben und mit Holzbrettern ausgekleidet. Bei einigen Ausgrabungen fand man auch kleine Backöfen und sogar Eisenschmelzen. Zum Schutz vor wilden Tieren umgaben unsere Vorfahren ihre Siedlungen mit einem Zaun oder einer Dornenhecke.
Zu jedem Hof gehörte ein Obst- und Gemüsegarten. Auf den Feldern rund um die Siedlung wurden Mischgetreide wie Hafer, Gerste und Roggen, zusätzlich auch Flachs angebaut. Da die Felder nicht gedüngt wurden, bestellte man sie nur jedes zweite Jahr. Als Haustiere wurden Rinder, Schweine, Schafe, Ziegen, Gänse, Enten, Hühner und Bienen gehalten. Ochsen waren die wichtigsten Arbeitstiere. Pferde wurden als Arbeits- oder Reittiere gehalten.
Die Bajuwaren waren etwas kleiner als wir. Männer wurden durchschnittlich 1,70 m und Frauen 1,60 m groß. Die durchschnittliche Lebenserwartung lag bei etwa 30 Jahren. Die Kindersterblichkeit war sehr hoch. Die Männer trugen lange Leinenhosen, darüber ein knielanges Gewand aus Wolle oder Leinen. Um die Waden trugen sie Wickelgamaschen und an den Füßen Schuhe oder Stiefel aus Leder. Da die Kleider keine Taschen besaßen, verstauten sie alle wichtigen Kleinigkeiten, (z.B. Feuerstein und Schlageisen, Rasiermesser und Kamm) in einem Beutel, der an oft verzierten Gürteln befestigt war. Als Waffen hatten die Männer einen großen Holzschild, ein großes Hiebmesser, ein Wurfbeil und einen Speer. Krieger hatten auch ein langes zweischneidiges Eisenschwert.
Die Frauen der Bajuwaren trugen über dem wadenlangen Rock eine Leinenbluse oder ein Wollhemd. Die Füße steckten in Lederschuhen. Neben Amuletten und Broschen, Armreifen und Ohrringen waren bei den Bajuwarinnen auch Halsketten und Fibeln als Schmuck beliebt.

① Aus welchen Gebäuden bestand eine bajuwarische Siedlung?
② Wozu dienten die verschiedenen Gebäude?
③ Zeichne die Innenansicht eines bajuwarischen Wohnhauses.
④ Welche Haustiere wurden gehalten?
⑤ Warum war die durchschnittliche Lebenserwartung der Bajuwaren so gering?
⑥ Zeichnet einen bajuwarischen Mann oder eine bajuwarische Frau.

GSE

Die Bajuwaren

① Wer waren die Bajuwaren?

② Wie lebten die Bajuwaren?

③ Welche Berufe gab es?

④ Was uns die Ortsnamen verraten:

GSE

Die Bajuwaren

① Wer waren die Bajuwaren?

Kelten	Römer	Germanen	Männer aus dem Lande Baia

↘ ↓ ↓ ↙

Bajuwaren

② Wie lebten die Bajuwaren?

Die Bajuwaren rodeten das Land.

Sie bauten ihre Häuser, Scheunen und Vorratsspeicher aus Holz.

Zu jedem Hof gehörte ein Gemüse- und Obstgarten.

Auf den Feldern bauten die Bajuwaren Mischgetreide wie Roggen, Gerste und Hafer, zusätzlich auch Flachs an.

Als Haustiere hielten sie: Rinder, Schweine, Schafe, Ziegen, Gänse, Enten und Hühner.

③ Welche Berufe gab es?

Die meisten Menschen waren Bauern. Es gab aber auch schon Imker, Eisen- und Goldschmiede, Tischler, Töpfer und Händler.

④ Was uns die Ortsnamen verraten:

Hal**fing** - bei den Leuten des Halfo

Vogta**reuth** - roden, ausreißen

Hösl**wang** - am Hang

Buchloe - Buche

Römisches Weltreich

- ❍ Die Sage von der Gründung Roms
- ❍ räumliche und zeitliche Ausdehnung
- ❍ Zusammenhalt des Weltreichs durch Militär, Verwaltung, Wirtschaft, Kultur, Gesellschaft

①	**Die Sage von der Gründung Roms** Kennenlernen der antiken Sage von Romulus und Remus Wichtige Zahlen zum römischen Weltreich Die lateinische Schrift und die römischen Ziffern		AB (S. 36)
②	**Das römische Weltreich - Vom Stadtstaat zum Weltreich** Gegenüberstellen von Sage und Wirklichkeit Überblick über die räumliche und zeitliche Machtausdehnung Stadtstaat - Landmacht - Seemacht - Weltmacht Das Römische Reich in seiner größten Ausdehnung kennen lernen Welche heutigen Staaten gehörten damals zum Römischen Reich? Größte N-S- und O-W-Ausdehnung ermitteln	Σ	AB (S. 37) ✎ *Lösung S.38*
③	**Der Zusammenhalt des Weltreichs: Militär und Verwaltung** Von der anfänglichen Bündnispolitik zur Eroberungsstrategie Notwendigkeit eines Berufsheeres Charakteristika der römischen Militärmaschinerie Grundzüge der römischen Verwaltung Schnitt durch eine Römerstraße		AB (S. 39) ✎ *Lösung S.40*
④	**Der Zusammenhalt des Weltreichs: Kultur** Aus der Abbildung der Innenansicht Roms zur Kaiserzeit auf die kulturellen Errungenschaften schließen		AB (S. 41) ✎ *Lösung S.42*
⑤	**Der Zusammenhalt des Weltreichs: Gesellschaft** Sozialpyramide der römischen Gesellschaft zur Kaiserzeit aus Text erarbeiten Zuordnen von Berufen Überlegungen zur Quantität anstellen Die Situation von Frauen und Kindern		AB (S. 43) ✎ *Lösung S.44*
⑥	**Der Zusammenhalt des Weltreichs: Wirtschaft** Kennenlernen des Wirtschaftsraumes 'Römisches Reich' Herkunft wichtiger Handelsgüter auf der Karte erarbeiten Vergleichen mit dem Ursprung heutiger Waren Diskutieren: Menschen (Sklaven) als Ware		AB (S. 45)
⑦	**Der Zusammenhalt des Weltreichs: Ansichten einer römischen Stadt** Anhand der Abbildungen einer römischen Stadt (hier: Pompeji): Wiederholen der Arbeits- und Lebensbedingungen, der Wohnsituationen sowie der kulturellen Leistungen. (Sie waren damals vorbildlich und dienten so dem Zusammenhalt des Weltreiches.)		AB (S. 46)

GSE

Die Sage von der Gründung Roms

Der trojanische Held Äneas flieht aus seiner brennenden Heimatstadt Troja. Nach jahrelangen Irrfahrten erreicht Äneas mit wenigen Gefährten Italien. Hier haben ihm die Götter die Landschaft Latium als neue Heimat bestimmt. Äneas heiratet die Tochter des Königs der Latiner. Seine Urenkel Romulus und Remus werden aufgrund eines Familienstreites gleich nach der Geburt in einen Schilfkorb auf dem Fluss Tiber ausgesetzt. Wie durch ein Wunder treibt der Korb nur bis zum Abhang des Paladin, einem der sieben Hügel Roms. Die wimmernden Säuglinge werden von einer Wölfin gefunden und gesäugt. Schließlich nimmt ein Hirte die beiden Jungen auf und zieht sie zu großen, kräftigen Männern heran. Sie erfahren von ihrer königlichen Abstammung und beschließen, an der Stelle, an der sie an Land getrieben worden waren, eine Stadt zu gründen. Als Romulus nach altem Brauch mit einem Pflug den Verlauf der künftigen Stadtmauer absteckt, überspringt sein Bruder immer wieder die Furche. Darüber geraten die beiden in einen heftigen Streit. Romulus erschlägt schließlich seinen Bruder Remus. Er gründet daraufhin die Stadt allein und regiert sie als König mehrere Jahrzehnte lang. Der Sage nach wurde Rom im Jahre 753 v. Chr. gegründet.
Rom wurde tatsächlich etwa 200 Jahre lang von Königen regiert. Diese stammten jedoch nicht aus Rom, sondern von dem benachbarten Volk der Etrusker. Sie bewohnten das Gebiet nördlich von Rom. Das frühe Rom stand also unter einer fremden Herrschaft.

Das römische Weltreich in Zahlen

753 v. Chr.	Nach der Sage: Gründung Roms
500 v. Chr.	Vertreibung der etruskischen Könige
300 v. Chr.	Rom beherrscht Italien
150 v. Chr.	Herrschaft Roms über das gesamte Mittelmeer und seine Küsten
58 - 51 v. Chr.	Eroberung Galliens und linksrheinischer germanischer Gebiete durch Cäsar
31 v. Chr. - 14 n. Chr.	Ende der Republik, Kaiser Augustus, Ausbau der Stadt Rom
15 v. Chr.	Eroberung Süddeutschlands
9 n. Chr.	Schlacht im Teutoburger Wald
64 n. Chr.	Brand Roms, Christenverfolgungen
um 80 n. Chr.	Bau des Limes
90 n. Chr.	Trier, Köln, Augsburg und Regensburg werden große römische Städte.
seit 250 n. Chr.	Germanische Stämme durchbrechen den Limes.
313 n. Chr.	Zulassung des Christentums
375 n. Chr.	Einfall der Hunnen in Mitteleuropa
395 n. Chr.	Reichsteilung, West- und Ostrom
um 400 n. Chr.	Völkerwanderung der Germanen
476 n. Chr.	Ende des Weströmischen Reiches
ab 500 n. Chr.	Schwaben, Bajuwaren und Franken siedeln in Süddeutschland

Das lateinische ABC

A B C D E F G
H I K L M N
O P Q R S T U
V X Y Z

Die römischen Ziffern

I=1, V=5, X=10, L=50, C=100, D=500, M=1000
Sie werden so oft gesetzt, wie Einheiten einer Zahl vorhanden sind, jedoch (außer M) maximal dreimal; 4 und 9 werden durch Vorsetzen der kleineren Einheit vor die nächstgrößere gebildet: IV=4, IX=9, desgleichen XL=40, XC=90, CD=400, CM=900 usw.

GSE

Das römische Weltreich
Vom Stadtstaat zum Weltreich

Sage: ______________________________

____

____

Wirklichkeit: ______________________________

____

Rom dehnt seine Macht aus

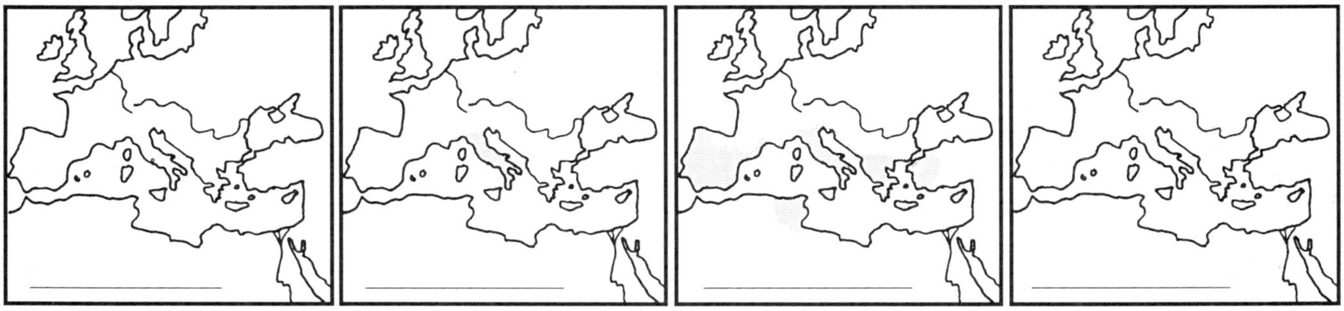

______ → ______ → ______ → ______

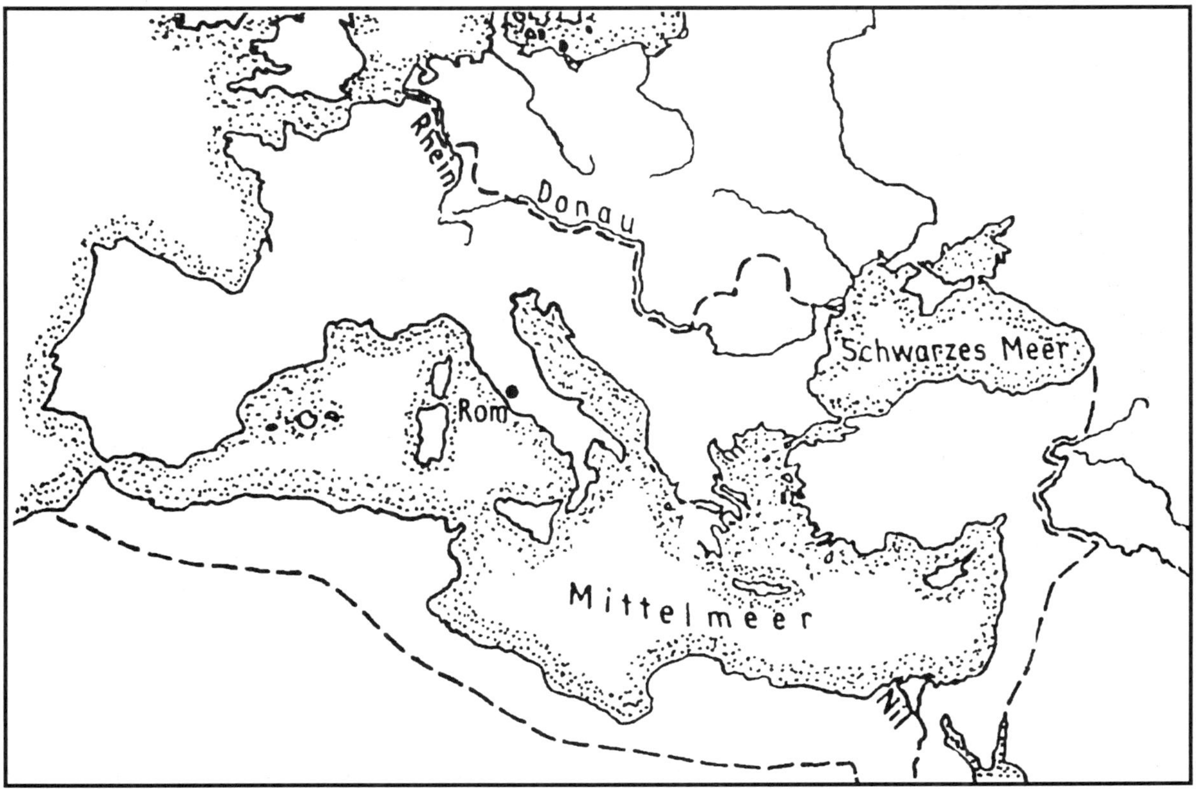

① Lies nach über die Gründung Roms. Vergleicht dann euer Wissen!
② Welche heutigen Staaten gehörten damals ganz oder teilweise zum Römischen Reich?
③ Ermittle im Atlas die größte Nord-Süd und Ost-West-Ausdehnung des Römischen Reiches.

GSE

Das römische Weltreich
Vom Stadtstaat zum Weltreich

Sage:	*Die Zwillinge Romulus und Remus werden von einer Wölfin gesäugt. Sie gründen die Stadt Rom 753 v. Chr. Romulus erschlägt im Streit Remus.*
Wirklichkeit:	*Die Latiner, ein Bauern- und Hirtenvolk, errichten auf sieben Hügeln am Tiber um 1 000 v. Chr. eine Siedlung.*

Rom dehnt seine Macht aus

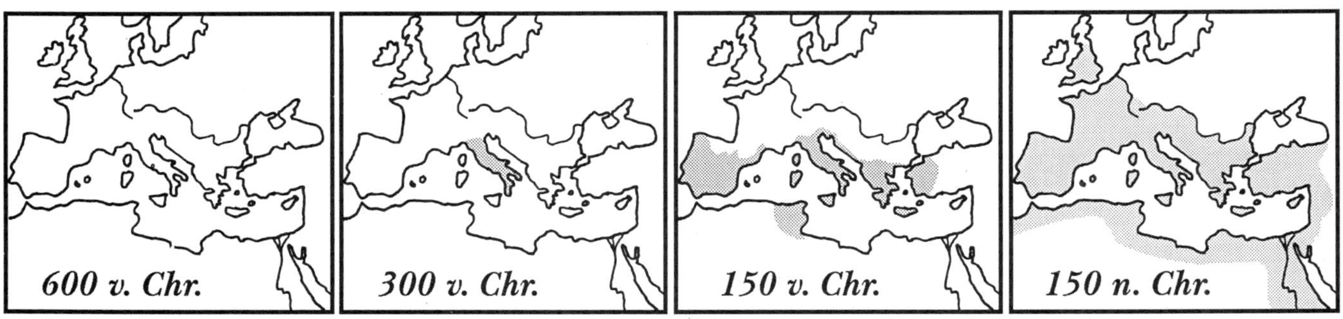

Stadtstaat → *Landmacht* → *Seemacht* → *Weltmacht*

① Lies nach über die Gründung Roms. Vergleicht dann euer Wissen!
② Welche heutigen Staaten gehörten damals ganz oder teilweise zum Römischen Reich?
③ Ermittle im Atlas die größte Nord-Süd und Ost-West-Ausdehnung des Römischen Reiches.

GSE

Der Zusammenhalt des Weltreiches
Militär und Verwaltung

Zu Beginn schlossen die Römer gern mit anderen Städten und Staaten Bündnisse. Je größer und mächtiger jedoch ihr Reich wurde, desto eher setzten sie ihr Militär ein, um immer neue Städte und Länder zu erobern.
Anfänglich bestand das römische Heer aus Bürgern, die jeweils zu Beginn eines Krieges zu den Waffen gerufen wurden. Die Soldaten mussten sich selbst ausrüsten.
Die Größe des Reiches bedingte aber bald die Entwicklung eines Berufsheeres, das größer und schlagkräftiger war als alle bisherigen Heere. So umfasste das römische Heer im Jahre 100 n. Chr. 140 000 Fußsoldaten, dazu einige Tausend Reiter und Matrosen.

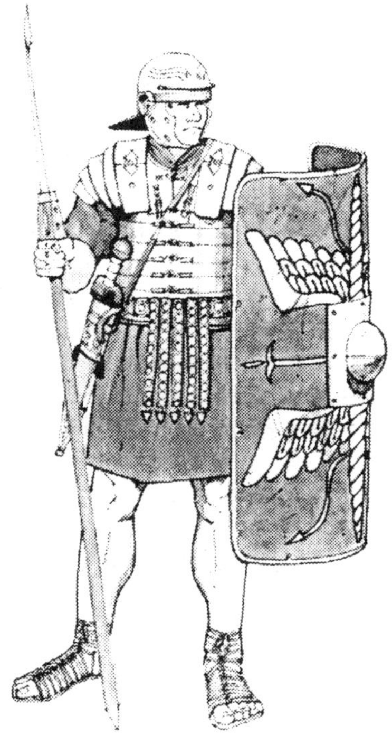

Was die römischen Soldaten erobert hatten, das sicherten dann die Beamten des Staates. Das ganze Reich wurde in Provinzen eingeteilt. Hier regierten für den Kaiser Statthalter. Sie waren Befehlshaber der Truppen und zugleich oberste Gerichtsherren. Den Gemeinden wurde die Selbstverwaltung belassen. Im ganzen Reich wurden Straßen mit Poststationen gebaut, auf denen die Händler ihre Ware transportieren konnten und die Truppen schnell vorankamen.

Schnitt durch eine Römerstraße

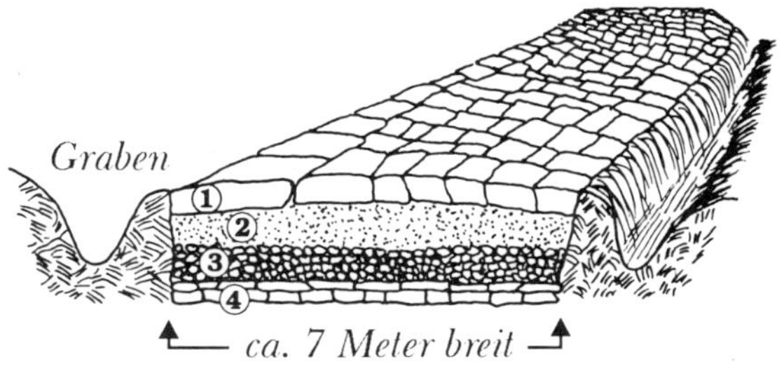

① *Plattenbelag*
② *feiner Steinschotter*
③ *grober Steinschotter*
④ *flache Steine und Mörtel*

GSE

Der Zusammenhalt des Weltreiches
Militär und Verwaltung

Zu Beginn schlossen die Römer gern mit anderen Städten und Staaten Bündnisse. Je größer und mächtiger jedoch ihr Reich wurde, desto eher setzten sie ihr Militär ein, um immer neue Städte und Länder zu erobern.
Anfänglich bestand das römische Heer aus Bürgern, die jeweils zu Beginn eines Krieges zu den Waffen gerufen wurden. Die Soldaten mussten sich selbst ausrüsten.
Die Größe des Reiches bedingte aber bald die Entwicklung eines Berufsheeres, das größer und schlagkräftiger war als alle bisherigen Heere. So umfasste das römische Heer im Jahre 100 n. Chr. 140 000 Fußsoldaten, dazu einige Tausend Reiter und Matrosen.

Freiwillige Berufssoldaten mit langer und harter Ausbildung. Sie sind gut bewaffnet und verfügen auch über schweres Kriegsgerät. Sie werden von geschulten Offizieren befehligt. Die römischen Armeen sind an den Grenzen stationiert. Rom verfügt über eine starke Flotte. Die römischen Soldaten legen ein ausgedehntes Straßennetz an. Nach Beendigung der 20-jährigen Dienstzeit erhalten die Soldaten ein Stück Land in den eroberten Gebieten geschenkt.

Was die römischen Soldaten erobert hatten, das sicherten dann die Beamten des Staates. Das ganze Reich wurde in Provinzen eingeteilt. Hier regierten für den Kaiser Statthalter. Sie waren Befehlshaber der Truppen und zugleich oberste Gerichtsherren. Den Gemeinden wurde die Selbstverwaltung belassen. Im ganzen Reich wurden Straßen mit Poststationen gebaut, auf denen die Händler ihre Ware transportieren konnten und die Truppen schnell vorankamen.

Schnitt durch eine Römerstraße

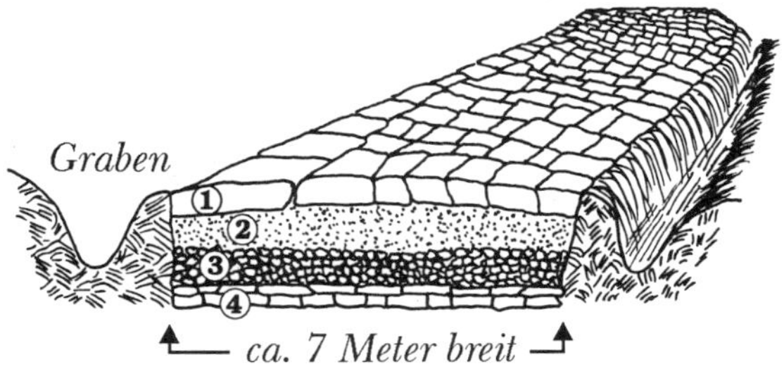

① *Plattenbelag*
② *feiner Steinschotter*
③ *grober Steinschotter*
④ *flache Steine und Mörtel*

Von den Untertanen werden Steuern verlangt.
Überall gelten die gleichen Gesetze.
Im ganzen Reich sorgen die Römer für Frieden und Ordnung.
Überall gelten das gleiche Recht und die gleichen Maße.

GSE

Der Zusammenhalt des Weltreiches
Kultur

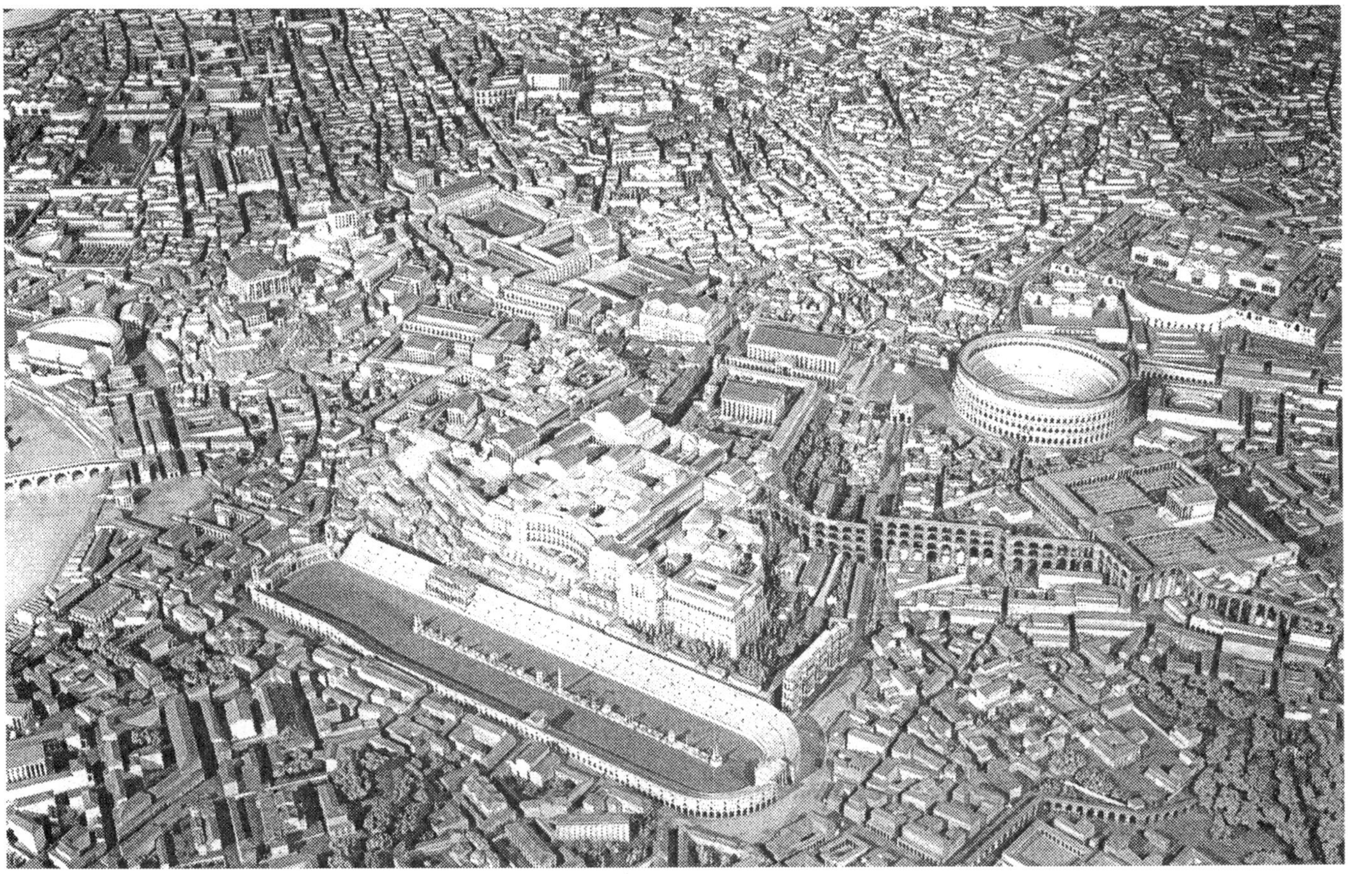

So sah früher die Innenstadt von Rom aus

GSE

Der Zusammenhalt des Weltreiches
Kultur

So sah früher die Innenstadt von Rom aus

Wasserleitungen

riesige Sportstätten

riesige öffentliche Bäder

Tempel und Prachtbauten

Theater

öffentliche Gärten

fließendes Wasser

öffentliche Brunnen

Kanalisation

Der Zusammenhalt des Weltreiches
Gesellschaft

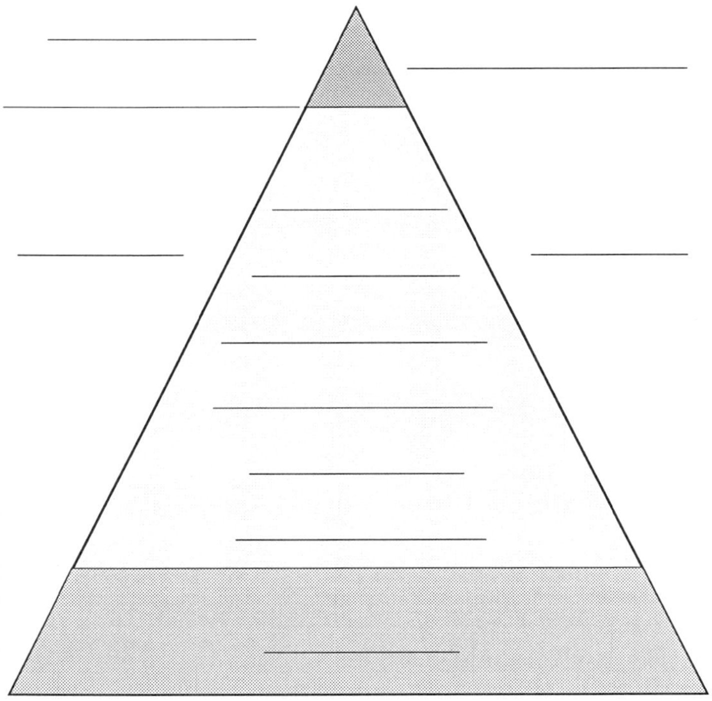

An der Spitze der römischen Gesellschaft stand der Kaiser.

Die höchsten Stellen der Verwaltung und des Militärs wurden von Senatoren und Rittern eingenommen. Sie bildeten die Führungsschicht der römischen Gesellschaft. Wer ihr angehörte, musste über ein großes Vermögen verfügen. Ein paar hundert Senatoren und ein paar tausend Ritter, das war nur ein Bruchteil der etwa 80 Millionen Einwohner des Reiches, besaßen fast alle politi-sche und den größten Teil der wirtschaftlichen Macht.

Den größten Teil der Bevölkerung stellten die einfachen Bürger dar. Sie hatten zwar nur wenige politische Rechte, jedoch bis auf die geringen Steuern wirtschaftliche Freiheit. Neben den vielen Handwerkern und Bauern, den Händlern und Ladenbesitzern gab es fest besoldete Beamte. Auch Tagelöhner, Schausteller und Arbeitslose gehörten dieser Schicht an.

Die Bevölkerung Italiens bestand etwa zu einem Drittel aus Sklaven. Die meisten von ihnen arbeiteten in der Landwirtschaft, als Bedienstete im Haushalt oder in Bergwerken. Es gab aber auch Sklaven, die als Fachkräfte wie Ärzte, Lehrer, Ammen oder Wagenlenker im Zirkus arbeiteten. Die Sklaven ertrugen ihr oft elendes Dasein relativ gelassen. Für die Menschen damals galt die Sklaverei als eine normale Sache; zudem hatten sie die Hoffnung, nach zwanzig oder dreißig Jahren wieder die Freiheit zu erlangen. Freigelassene konnten sich ihren Beruf und ihren Wohnort frei wählen. Viele von ihnen erwiesen sich als sehr erfolgreiche Geschäftsleute, auf deren Reichtum mancher Senator oder Ritter neidisch werden konnte.

GSE

Der Zusammenhalt des Weltreiches
Gesellschaft

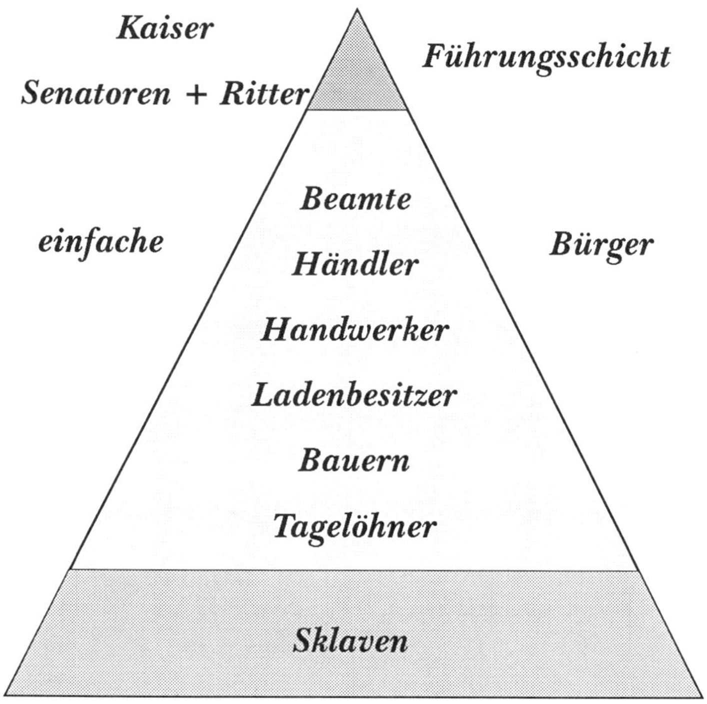

An der Spitze der römischen Gesellschaft stand der Kaiser.
Die höchsten Stellen der Verwaltung und des Militärs wurden von Senatoren und Rittern eingenommen. Sie bildeten die Führungsschicht der römischen Gesellschaft. Wer ihr angehörte, musste über ein großes Vermögen verfügen. Ein paar hundert Senatoren und ein paar tausend Ritter, das war nur ein Bruchteil der etwa 80 Millionen Einwohner des Reiches, besaßen fast alle politi-sche und den größten Teil der wirtschaftlichen Macht.
Den größten Teil der Bevölkerung stellten die einfachen Bürger dar. Sie hatten zwar nur wenige politische Rechte, jedoch bis auf die geringen Steuern wirtschaftliche Freiheit. Neben den vielen Handwerkern und Bauern, den Händlern und Ladenbesitzern gab es fest besoldete Beamte. Auch Tagelöhner, Schausteller und Arbeitslose gehörten dieser Schicht an.
Die Bevölkerung Italiens bestand etwa zu einem Drittel aus Sklaven. Die meisten von ihnen arbeiteten in der Landwirtschaft, als Bedienstete im Haushalt oder in Bergwerken. Es gab aber auch Sklaven, die als Fachkräfte wie Ärzte, Lehrer, Ammen oder Wagenlenker im Zirkus arbeiteten. Die Sklaven ertrugen ihr oft elendes Dasein relativ gelassen. Für die Menschen damals galt die Sklaverei als eine normale Sache; zudem hatten sie die Hoffnung, nach zwanzig oder dreißig Jahren wieder die Freiheit zu erlangen. Freigelassene konnten sich ihren Beruf und ihren Wohnort frei wählen. Viele von ihnen erwiesen sich als sehr erfolgreiche Geschäftsleute, auf deren Reichtum mancher Senator oder Ritter neidisch werden konnte.

Frauen

Nach römischer Auffassung waren die Hauptaufgaben der Frau, zu heiraten, Kinder zu bekommen, diese zu erziehen und den Haushalt zu führen. Politische Mitspracherechte hatten sie nicht. Viele Frauen halfen ihren Männern im Beruf.

Kinder

Es gab damals keine Schulpflicht. Jeder musste sich selbst um die Ausbildung seiner Kinder kümmern. Nur wer genügend Geld hatte, konnte sich Privatunterricht leisten.

Der Zusammenhalt des Weltreiches
Wirtschaft

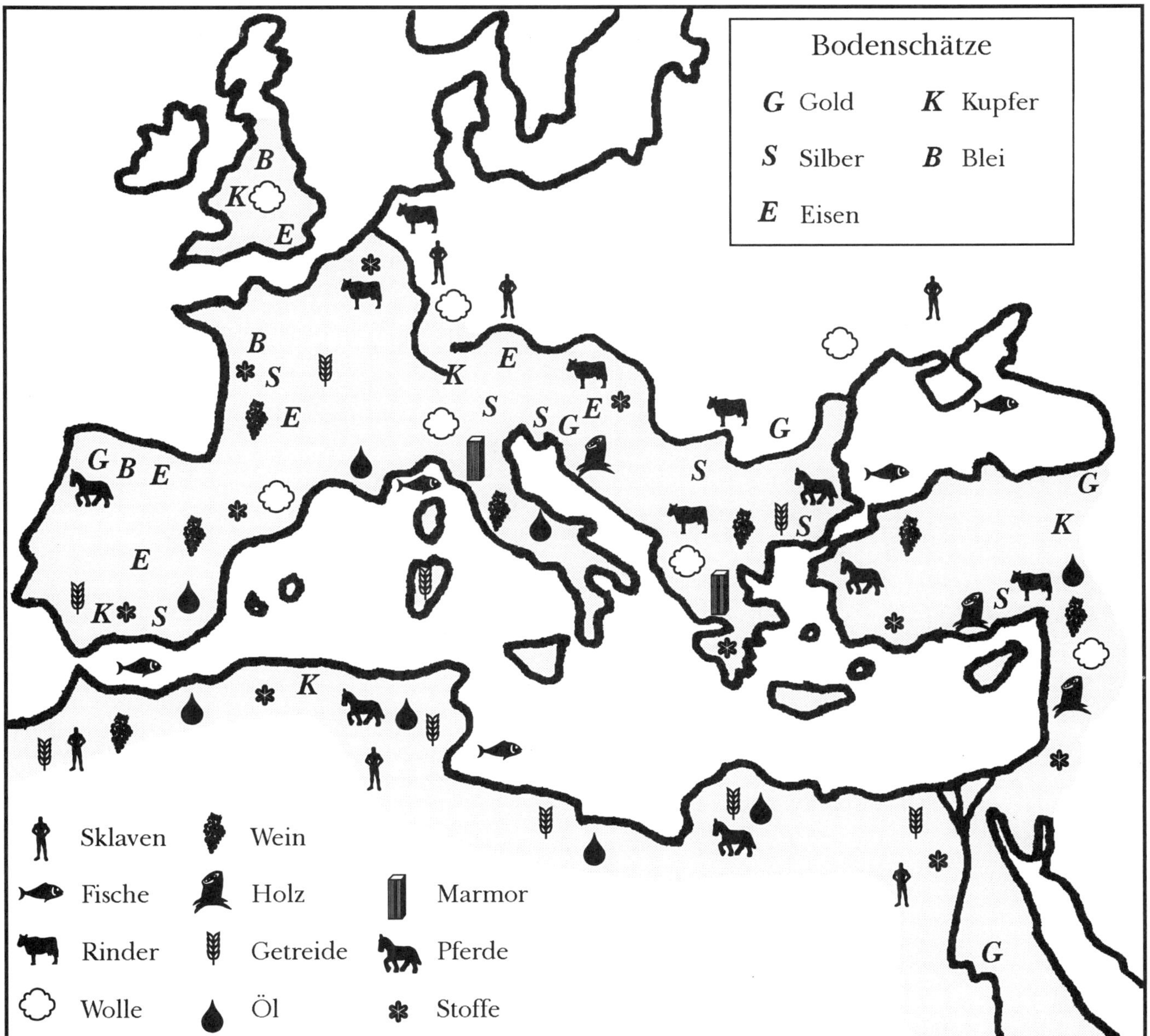

Die meisten Menschen im Römischen Reich lebten auf dem Land und waren Bauern. In den Städten gab es zahlreiche Handwerker, Künstler und Händler.
Ein dichtes Netz von Fernstraßen, Schifffahrtswegen, Häfen und Handelsplätzen ermöglichte einen regen Handel im Römischen Reich und den angrenzenden Gebieten. Das Straßennetz hatte eine Länge von 80 000 km.
Die Steuern und Zölle, die anfangs erhoben wurden, waren gering und ermöglichten den Menschen ein gutes Einkommen.

① Woher kommen heute die Waren des täglichen Gebrauchs?
② Sklaven waren damals eine beliebte Handelsware. Diskutiert: Menschen als Ware.
③ Stelle dir vor, du wärst ein großer Händler in Rom und willst Waren bestellen. Schreibe eine Bestellliste und notiere, aus welchem Land du die Waren bestellen willst.

Ansichten einer römischen Stadt

Ansichten der Stadt Pompeji vor knapp zweitausend Jahren.
Oben siehst du den Caligula-Bogen und dahinter eine Wohn- und Geschäftsstraße, daneben den Innenhof (Atrium) eines Wohnhauses. Links ist eine Wäscherei abgebildet und unten ein Abschnitt einer Geschäftsstraße.
Was fällt dir an den Bildern auf?
Worin unterscheiden sich die Gebäude von den heutigen?
Welche Einzelheiten kannst du erkennen?
Vergleiche die Wohn- und Arbeitssituation der Menschen Pompejis mit denen der Kelten, Germanen und Bajuwaren.
Informiere dich über das Schicksal Pompejis.

Wandel und Untergang des Römischen Reiches

- ❍ Das Christentum - von der Verfolgung zur Anerkennung
- ❍ Völkerwanderung um 400; Untergang des Weströmischen Reiches; Stabilisierung des Oströmischen Reiches; Entstehung von germanischen Reichen auf weströmischem Boden
- ❍ Lehre und Ausbreitung des Islam

①	**Severin und der Untergang des Römischen Reiches** Die Geschichte des hl. Severin dient zur Beleuchtung der Situation in den von den Germanen bedrohten römischen Provinzen	AB (S. 48)
②	**Die Ausbreitung des Christentums** Religiöse Toleranz im Römischen Reich/Das Leben Jesus Das Christentum breitet sich als neue Lehre aus	AB (S. 49)
③	**Das Christentum - von der Verfolgung zur Anerkennung** Das Christentum setzt sich trotz aller Widernisse durch Die Anfänge des Christentums in Süddeutschland	AB (S. 50)
④	**Das Christentum im Römerreich** Zusammenfassung der vorhergehenden Inhalte AA zu Christentum, religiöse Toleranz und Weltreligionen	AB (S. 51) *Lösung S.52*
⑤	**Germanische Reiche auf weströmischem Boden** Gründe für den Ansturm der Germanen Wanderwege ausgewählter Stämme - Siedlungsräume	AB (S. 53)
⑥	**Das neue Rom** Entwicklung und Stabilisierung der östlichen Reichshälfte Bedeutung Konstantinopels	AB (S. 54)
⑦	**Die Teilung des römischen Reiches** Gründe und Daten zur Reichsteilung Unterschiedliche Entwicklung der beiden Reichshälften	AB (S. 55) *Lösung S.56*
⑧	**Die Völkerwanderung** Gründe der Völkerwanderung, Wanderwege und zeitliche Dimension	AB (S. 57) *Lösung S.58*
⑨	**Der Islam - eine neue Religion entsteht** Religionsgründung durch Mohammed; die fünf Grundpfeiler des Islam; Bedeutung des Koran	AB (S. 59)
⑩	**Der Islam breitet sich aus** Siegeslauf des Islam Kartenarbeit: Eroberte Gebiete finden und anmalen	AB (S. 60)
⑪	**Der Islam** Mohammed und seine Lehre Die fünf Grundpfeiler des Islam Verdienste der Araber Wörter aus der arabischen Sprache	AB (S. 61) *Lösung S.62*

Der heilige Severin und der Untergang des Römischen Reiches

Vieles von dem, was wir über die letzten Jahre der römischen Herrschaft in unserer Heimat wissen, verdanken wir Eugippius. Er hat im Jahre 511 n. Chr. das Leben seines Lehrers, des heiligen Severin, beschrieben.
Eugippius war in Favianis (dem heutigen Mautern an der Donau) in das Kloster des heiligen Severin eingetreten. Dort erlebten er und seine Mitbrüder den Zusammenbruch des Weströmischen Reiches, bevor sie nach Süditalien fliehen mussten.
Wahrscheinlich entstammte Severin einer vornehmen römischen Familie, er wollte jedoch nie mehr als ein einfacher Mönch sein. Severin lebte viele Jahre in römischen Provinzstädten an der Donau. Zuerst in Asturis (heute Klosterneuburg bei Wien), dann unter anderem in Quintanis (dem heutigen Künzing) und in Boiotro (heute Passau). Er starb 482 in Favianis.
Severin versteckte sich nicht hinter den Klostermauern, sondern bereiste unermüdlich seine Kirchengemeinden. Er lehrte nicht nur den christlichen Glauben, sondern leistete auch tatkräftige Hilfe, als die Germanen immer häufiger in das Land einfielen. Die Lage der Menschen in den römischen Grenzprovinzen wurde immer schwieriger. Severin leitete deshalb die Umsiedlung der Bevölkerung und schließlich die Räumung der römischen Provinzstädte ein, die dem Druck der Germanen nicht mehr standhielten. Dazu schreibt Eugippius:

"Zur selben Zeit verließen die Bewohner der befestigten Siedlung Quintanis (Künzing bei Vilshofen an der Donau), die infolge der unaufhörlichen Einfälle der Alemannen schon ganz erschöpft waren, ihren heimatlichen Wohnsitz und übersiedelten in die Stadt Batavis. Aber ihr Zufluchtsort blieb diesen Barbaren nicht verborgen; die Sache erhielt für sie deshalb einen noch größeren Anreiz, weil sie glaubten, in einem einzigen Überfall die Bevölkerung zweier Städte ausplündern zu können. Doch der heilige Severin verharrte unermüdlich im Gebet, ermunterte die Romanen oftmals durch Hinweis auf heilsame Beispiele und verkündete, sie würden zwar die Feinde mit Gottes Hilfe jetzt besiegen, aber nach dem Siege würden diejenigen umkommen, die seine Mahnungen missachteten.
Gestärkt durch die Vorhersage des heiligen Mannes und in der Hoffnung auf den verheißenen Sieg, stellten sich also alle Romanen zum Kampf gegen die Alemannen, nicht so sehr im sicheren Schutze der Waffen als vielmehr der Gebete des heiligen Mannes. Als die Alemannen in diesem Kampfe besiegt waren und die Flucht ergriffen, hielt der Mann Gottes an die Sieger folgende Ansprache: "Meine Söhne, schreibt den Sieg in diesem Kampfe nicht euren Kräften zu, denn ihr müsst wissen, dass ihr mit Gottes Hilfe jetzt deshalb befreit wurdet, damit ihr innerhalb kurzer Zeit, die euch gewissermaßen als Waffenstillstand bewilligt ist, von hier abziehen könnt. Geht deshalb geschlossen mit mir in die Stadt Lauriacum (Lorch, heute Ortsteil der Stadt Enns/Oberösterreich) hinunter."
Als aber die Bataviner zögerten, die heimatliche Erde zu verlassen, fügte er Folgendes hinzu: "Obwohl auch die Stadt, nach der wir ziehen, wegen der Einfälle der Barbaren sehr bald geräumt werden muss, wollen wir dessen ungeachtet doch jetzt von hier fortgehen." Dieser Aufforderung kamen die meisten nach, einige jedoch erwiesen sich als halsstarrig und für diese Missachtung entgingen sie auch nicht dem Schwerte des Feindes. Denn wer entgegen dem Verbote des Gottesmannes dort zurückgeblieben war, wurde in derselben Woche bei einem Einfall der Thüringer entweder niedergemacht oder in die Gefangenschaft abgeführt und musste so für seine Missachtung büßen."

Die Ausbreitung des Christentums

① Religion im Römischen Reich

Im Römischen Reich lebten viele verschiedene Völker. Sie alle hatten verschiedene Götter. Für die Römer stellte dies grundsätzlich kein Problem dar. Mehrfach im Verlauf der römischen Geschichte wurden sogar neue Gottheiten in die öffentliche Religion aufgenommen - so die kleinasiatische Göttermutter Kybele und der persische Sonnengott Mithras, den besonders die Soldaten verehrten. Die Toleranz der Römer stand unter einer Bedingung: Jeder durfte seine eigenen Götter anbeten, solange er das Wohl von Kaiser und Reich in seine Gebete mit einschloss und nicht den Anspruch erhob, sein Glaube sei der einzig wahre.

② Jesus von Nazareth

Ein Mann namens Jesus machte zur Zeit des Kaisers Augustus in Palästina von sich reden. Er kam aus einfachen Verhältnissen und war in Nazareth aufgewachsen, wo er streng im jüdischen Glauben erzogen worden war. Mit dreißig Jahren zog er als Wanderprediger durchs Land und begeisterte zahlreiche Anhänger für seine neue Lehre: Er sei der Sohn Gottes und das Reich Gottes sei nahe. Jesus konnte Kranke heilen und Wunder vollbringen. Das verlieh seiner Lehre eine hohe Glaubwürdigkeit. Bei den einflussreichen Juden und vor allem bei den Priestern erregte Jesus durch sein Verhalten und durch seine Lehre starken Anstoß. Seine jüdischen Gegner brachten ihn schließlich wegen Gotteslästerung vor Gericht. Jesus wurde vom römischen Statthalter Pilatus zum Tod am Kreuz

③ Eine neue Religion entsteht

Nach dem Kreuztod von Jesus verbreiteten seine engsten Anhänger und Freunde, die Apostel, die neue Lehre. Zunächst nur in Palästina, dann auch im übrigen Römischen Reich. Gebote wie Nächstenliebe und Fürsorge für Arme und Schwache übten in den ärmeren Bevölkerungsschichten besondere Anziehungskraft aus. Auf diesem Weg entwickelte sich das Christentum im späten ersten Jahrhundert n. Chr. von einer jüdischen Splittergruppe zu einer neuen Religion im Römischen Reich. Das römische Weltreich bot günstige Verhältnisse für die rasche und weite Ausbreitung des Christentums: Im Osten wurde überall die griechische, im Westen die lateinische Sprache gesprochen oder verstanden. Alle Teile des Reiches standen in regem und geordnetem Verkehr miteinander; Soldaten, Beamte und Händler kamen aus allen Teilen des Reiches. Im 3. Jahrhundert war die neue Lehre schon im ganzen Reichsgebiet verbreitet, vor allem in den Städten.

① *Was hältst du von der Toleranz der Römer fremden Religionen gegenüber?*

② *Warum konnte sich das Christentum so schnell ausbreiten?*

③ *Was hältst du von der Aussage, dass es nur einen rechten Glauben gibt?*

Das Christentum
- von der Verfolgung zur Anerkennung

① Das Christentum setzt sich durch

Die Römer waren gegenüber den einzelnen Religionen sehr duldsam. Auch das Christentum betrachtete man anfänglich als eine der vielen Religionen, die es damals im Römischen Reich gab.
Als sich die Christen aber hartnäckig weigerten, den römischen Göttern zu opfern und den Kaiser als Gott anzuerkennen, zogen sie sich den Hass der Bevölkerung zu und kamen mit den Behörden in Konflikt.
Als im Jahre 64 n. Chr. ein gewaltiges Feuer ganze Stadtteile Roms einäscherte und das aufgebrachte Volk Kaiser Nero der Brandstiftung beschuldigte, schob dieser die Schuld auf die Christen. Er ließ Anhänger des christlichen Glaubens ergreifen und im Zirkus wilden Tieren vorwerfen, sie ans Kreuz schlagen und als lebende Pechfackeln verbrennen. Auch die Apostel Petrus und Paulus fielen der Verfolgung zum Opfer.
Die Tapferkeit der Märtyrer beeindruckte viele Römer tief. Zahlreiche Bürger ließen sich heimlich taufen und wurden trotz Verfolgung Christen.
Die Christenverfolgungen endeten erst 311 n. Chr. durch den Beschluss des Kaisers Galerius. Es gab inzwischen zu viele Christen, als dass man sie zur Umkehr hätte bewegen können. Ihnen wurde erlaubt, ihren Gott zu verehren; man legte ihnen jedoch auch nahe, ihren Gott um das Wohl von Kaiser und Reich zu bitten.
In Jahre 391 n. Chr. wurde das Christentum unter Kaiser Theodosius I. zur Staatsreligion. Sich zu einer anderen Religion zu bekennen, wurde unter Strafe gestellt. Später schlosas man die Anhänger eines anderen Glaubens von allen Staatsämtern aus.

② Die Anfänge des Christentums in Süddeutschland

Römische Legionäre, Kaufleute und Händler brachten schon sehr früh den christlichen Glauben in unsere Heimat. Von diesen ersten Christengemeinden wissen wir jedoch recht wenig. Auch im bayerischen Raum kam es zu Christenverfolgungen. Als der kaiserliche Statthalter in Lorch 40 Christen einkerkern ließ, bekannte sich auch sein Kanzleivorsteher Florian zum neuen Glauben und wurde zum Tode verurteilt.
In Augsburg wird noch heute die heilige Afra verehrt, die zur selben Zeit wie Florian als Märtyrerin starb. Severin half als Staatsmann und religiöser Führer der römisch-keltischen Bevölkerung gegen die vordringenden Germanen. Zu dieser Zeit gab es im süddeutschen Raum bereits christliche Bischöfe, Priester und Diakone. Ordensleute lebten in kleinen Niederlassungen.
Mit dem Vorrücken der Germanen und dem Zusammenbruch des Römerreiches verschwanden viele der frühen Christengemeinden in unserer Heimat wieder.

Geheimzeichen der Christen während der Christenverfolgung

303	Letzte große Christenverfolgung
313	Duldung des Christentums
315	Abschaffung der Kreuzigungsstrafe
321	Der Sonntag wird gesetzlicher Feiertag
325	Verbot der Gladiatorenkämpfe
337	Kaiser Constantin lässt sich taufen
ab 379	Verbot heidnischer Kulte
387	Zerstörung der heidnischen Tempel
391	Das Christentum wird Staatsreligion
394	Verbot der Olympischen Spiele

Das Christentum im Römerreich

① **Das Christentum setzt sich durch**

② **Ausbreitung des Christentums**

Das Römische Reich bot günstige Voraussetzungen für die Ausbreitung des Glaubens:

- ✞
- ✞
- ✞
- ✞
- ✞
- ✞
- ✞

① Informiert euch: Wo bildeten sich die ersten christlichen Gemeinden?
② Welche Gedanken des Christentums beeindruckten die Menschen in der damaligen Zeit?
③ Warum wollten die Christen nicht den römischen Göttern opfern?
④ Das Christentum wurde zur Staatsreligion. Beurteile dies unter dem Gesichtspunkt der Glaubensfreiheit und Duldung anderer Religionen.
⑤ Informiert euch über die Ausbreitung des Christentums auf der Welt heute und über den Anteil der christlichen Religionen an der Weltbevölkerung.
⑥ Es gibt verschiedene christliche Religionen. Welche? Fragt euren Religionslehrer.

GSE

Das Christentum im Römerreich

①

Das Christentum setzt sich durch

Die Römer erlaubten im ganzen Reich die Anbetung aller Götter, aber die Einwohner mussten daneben auch dem Kaiser opfern. Die Christen jedoch wollten dem Kaiser nicht opfern. Viele mussten daher den Märtyrertod erleiden. Im 4. Jahrhundert hatte sich der christliche Glaube durchgesetzt. Das Christentum wurde zur Staatsreligion. Die Ausübung anderer Religionen wurde verboten.

②

Ausbreitung des Christentums

Das Römische Reich bot günstige Voraussetzungen für die Ausbreitung des Glaubens:

- ✞ ***Religionsfreiheit im ganzen Reich***
- ✞ ***gemeinsame Sprache und Schrift im ganzen Reich***
- ✞ ***gut ausgebautes Straßennetz***
- ✞ ***regelmäßige Schiffsverbindungen***
- ✞ ***Soldaten, Beamte und Händler kommen aus allen Teilen der Welt***
- ✞ ***Im Christentum sind alle Menschen gleich***
- ✞ ***Vorbild der Märtyrer***

① Informiert euch: Wo bildeten sich die ersten christlichen Gemeinden?
② Welche Gedanken des Christentums beeindruckten die Menschen in der damaligen Zeit?
③ Warum wollten die Christen nicht den römischen Göttern opfern?
④ Das Christentum wurde zur Staatsreligion. Beurteile dies unter dem Gesichtspunkt der Glaubensfreiheit und Duldung anderer Religionen.
⑤ Informiert euch über die Ausbreitung des Christentums auf der Welt heute und über den Anteil der christlichen Religionen an der Weltbevölkerung.
⑥ Es gibt verschiedene christliche Religionen. Welche? Fragt euren Religionslehrer.

GSE

Germanische Reiche auf weströmischem Boden

Die Germanen siedelten ursprünglich im Norden Europas. Eine Verschlechterung des Klimas führte dazu, dass die kargen Ernteerträge für die ständig wachsende Bevölkerung nicht mehr ausreichte. Die Stämme begannen sich nach Süden zu bewegen. Die Römer konnten diesem Druck von Norden und Osten nur schwer standhalten.

Nicht mehr aufzuhalten aber war der Ansturm der Germanen, als im späten 4. Jahrhundert die Hunnen, ein wildes Reitervolk aus Innerasien, gewaltsam nach Westen vordrangen. Ihr König Attila wurde die 'Geißel Gottes' genannt, denn er versetzte alle Völker in Furcht und Schrecken. Die germanischen Stämme versuchten, den Hunnen auszuweichen. Gewaltsam drangen sie in das nur schwach verteidigte weströmische Gebiet ein und errichteten dort ihre eigenen Reiche.

Die Sachsen eroberten den südlichen Teil Englands. Die Franken besetzten das heutige Frankreich und Belgien. Die Burgunder zogen in das heutige Südfrankreich. Weit war der Weg der Vandalen, die quer durch Frankreich und Spanien nach Nordafrika zogen. Von Karthago aus beherrschten sie dann mit ihren Schiffen das westliche Mittelmeer. Die Goten zogen in zwei Abteilungen nach Westen: die Westgoten zunächst nach Italien, wo sie 410 n. Chr. die Stadt Rom plünderten. Danach siedelten sie sich in Spanien an. 493 n. Chr. besetzten die Ostgoten Italien. Der Gotenkönig Theoderich verwaltete das Land von seiner Hauptstadt Ravenna aus. Er war darauf bedacht, dass Römer und Germanen friedlich nebeneinander lebten. Nach dem Tode Theoderichs wurden die Ostgoten von dem oströmischen Kaiser Justinian besiegt. Italien wurde zeitweise von Konstantinopel aus regiert.

Im Laufe der Zeit vermischten sich die zugewanderten Germanen mit der ursprünglichen Bevölkerung. Es sollte jedoch noch rund drei Jahrhunderte dauern, bis der mächtigste und beständigste Staat der Germanen an die politische Bedeutung des untergegangenen Römischen Reiches anknüpfen konnte: das christliche Frankenreich Karls des Großen.

Siedlungsräume vor und nach der Völkerwanderung

1 = Sachsen
2 = Franken
3 = Burgunder
4 = Vandalen
5 = Westgoten
6 = Ostgoten

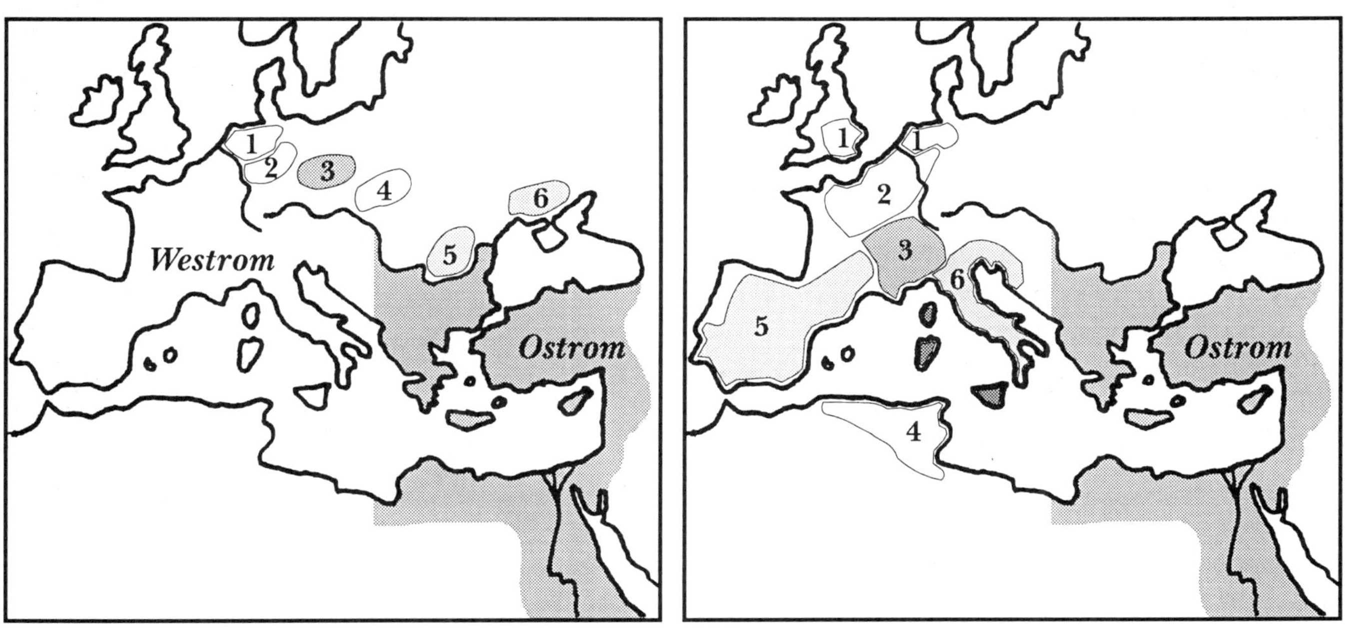

① Wodurch wurde die Völkerwanderung ausgelöst?

② Verfolge den Weg der Vandalen in deinem Atlas. Welche Strecke legten sie zurück?

③ Überlegt euch gemeinsam, unter welchen Umständen das geschah.

Das neue Rom

Im Jahre 330 n. Chr. verlegte der römische Kaiser Konstantin seine Residenz nach Byzanz. Die Stadt erhielt den Namen Konstantinopel. Rom verlor daraufhin immer mehr Bedeutung als Mittelpunkt des Römischen Reiches, wohingegen Konstantinopel immer bedeutender wurde. Man umgab die Stadt mit mächtigen Mauern, erbaute Paläste, Kirchen, Theater, Wasserleitungen und Bäder.

Kaiser Theodosius teilte 395 das Römische Reich. Rom wurde Hauptstadt des Weströmischen Reiches und Konstantinopel Hauptstadt des Oströmischen Reiches. Im Westen blieb die lateinische Sprache Amtssprache, während im Osten Griechisch zur Staats- und Kirchensprache wurde. Das Weströmische Reich ging im Jahre 476 in den Wirren der Völkerwanderung unter, während das Oströmische Reich noch etwa 1 000 Jahre weiter bestand.

Konstantinopel wurde zum Mittelpunkt des kulturellen und religiösen Lebens. Unermessliche Reichtümer häuften sich in der Stadt, die sich nun anschickte, die Nachfolge Roms anzutreten. Ein arabischer Geschichtsschreiber berichtet: "Aus allen Richtungen strömten die Waren auf die Marktplätze Konstantinopels. Seide und Porzellan aus China, Elfenbein aus Afrika, Stickereien und Teppiche aus Persien, Stoffe und Getreide aus Ägypten, Glas und Stahl aus Syrien, Pelze und Holz aus Russland, Lederwaren aus Marokko, sogar Sklaven aus allen Teilen der Welt befinden sich unter den unzähligen Dingen, die in dieser prachtvollen Stadt zum Verkauf angeboten werden."

Konstantinopel wurde auch Mittelpunkt des religiösen Lebens. Die Kirche war hier Staatskirche. Oströmische Mönche brachten den slawischen Völkern ihren Glauben. Auf den Missionar Kyrillos geht auch die kyrillische Schrift vieler Staaten Osteuropas zurück.

Seine höchste Blüte entfaltete Konstantinopel unter Kaiser Justinian I.(527-565). Er holte die bedeutendsten Architekten seiner Zeit in die Hauptstadt, um sie mit neuer kaiserlicher Pracht auszustatten. Das schönste und größte Bauwerk, das er errichten ließ, war die Hagia Sophia, ein Gebäude, wie es die Welt bis dahin noch nicht gesehen hatte und das die Zeiten bis heute überdauert hat. Justinian wollte auch das Römische Reich in seiner alten Größe wiederherstellen. Dies bedeutete, dass er alle germanischen Königreiche, die auf dem Boden des Weströmischen Reiches entstanden waren, besiegen musste. Dieses gewaltige Vorhaben gelang ihm nur zum Teil. Justinian und seine Nachfolger betrachteten sich als das Oberhaupt der christlichen Kirche. Dasselbe Recht beanspruchte auch der Bischof von Rom, der seit 400 den Titel Papst trug. Die Spannungen, die daraus entstanden, und Streitigkeiten in Glaubensfragen führten schließlich zu einer Spaltung der Kirche, die bis heute andauert. Im Westen entstand die römisch-katholische, im Osten die orthodoxe Kirche.

Das Oströmische Reich war jahrhundertelang die führende Macht im Südosten Europas. Durch seine günstige Lage am Bosporus wurde es zum Mittler zwischen Ost und West. Nur allmählich verlor es an Macht und Einfluss. 1453 wurde die Stadt von den Türken erobert; sie heißt heute Istanbul.

Der Innenraum der Hagia Sophia nach einem Aquarell aus dem 19. Jahrhundert

① Welche Namen trug die Stadt Istanbul früher?

② Suche diese Stadt im Atlas. Was kannst du über ihre Lage sagen?

③ Beschaffe Informationen über diese Stadt (Reisebüro, Lexika usw.).

④ Bitte Mitschüler oder Freunde, die aus einem osteuropäischen Land stammen, dir die kyrillische Schrift zu erklären.

⑤ Warum wurde das Oströmische Reich nicht auch von den Germanen erobert?

GSE

Die Teilung des Römischen Reiches

Der Untergang des Weströmischen Reiches:

Der Aufstieg des Oströmischen Reiches:

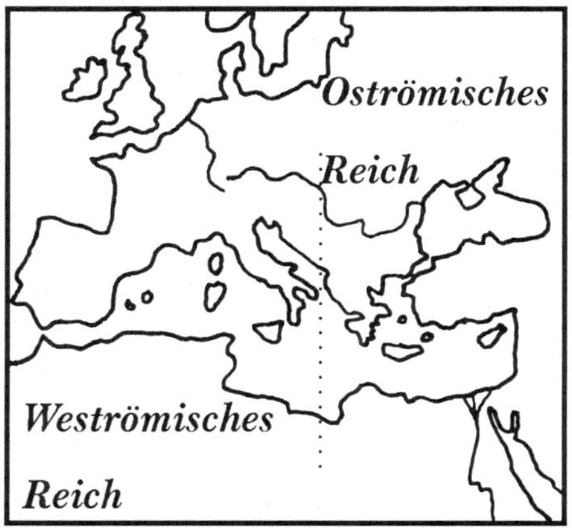

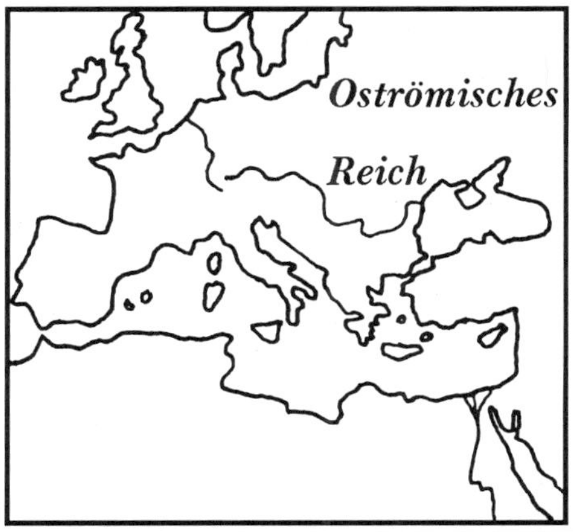

GSE

Die Teilung des Römischen Reiches

Römisches Reich
395 n. Chr.
Teilung

Weströmisches Reich
Rom

Oströmisches Reich
Konstantinopel

Durch innere Spannungen und äußeren Druck zerfiel das römische Weltreich immer mehr. Im Jahre 395 n. Chr. teilte Kaiser Theodosius das Reich endgültig in eine westliche und eine östliche Reichshälfte.

Der Untergang des Weströmischen Reiches:

- Westgoten 410 erobern Rom
- Vandalen 455 erobern Rom
- Italien wird zum ostgotischen Königreich

Der Aufstieg des Oströmischen Reiches:

- Kaiser Konstantin lässt die Stadt ausbauen.
- Die Gebiete Ostroms reichen in drei Erdteile.
- Um 500 n. Chr. hat die Stadt 500 000 Einwohner.

um 400 n. Chr.

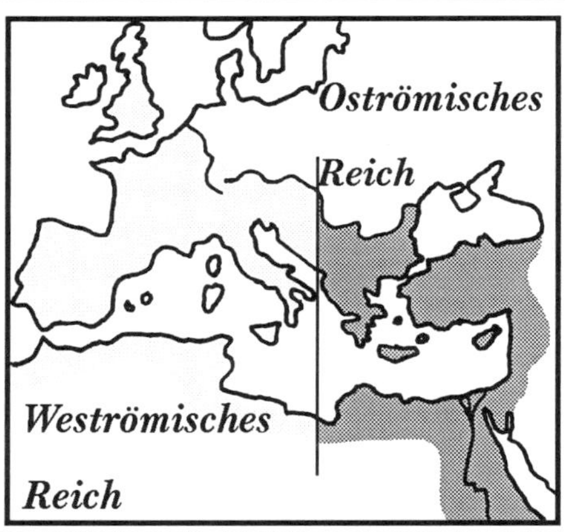

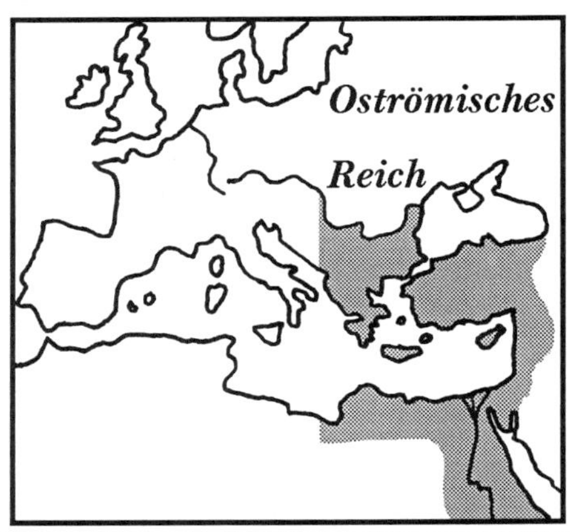

um 600 n. Chr.

Der Hunnensturm und die große germanische Völkerwanderung lassen das Weströmische Reich untergehen. Es bilden sich verschiedene Germanenreiche.

Das Oströmische Reich wird durch Handel und geschickte Politik reich und mächtig. Es besteht weitere 1000 Jahre.

Die Völkerwanderung

Gründe:

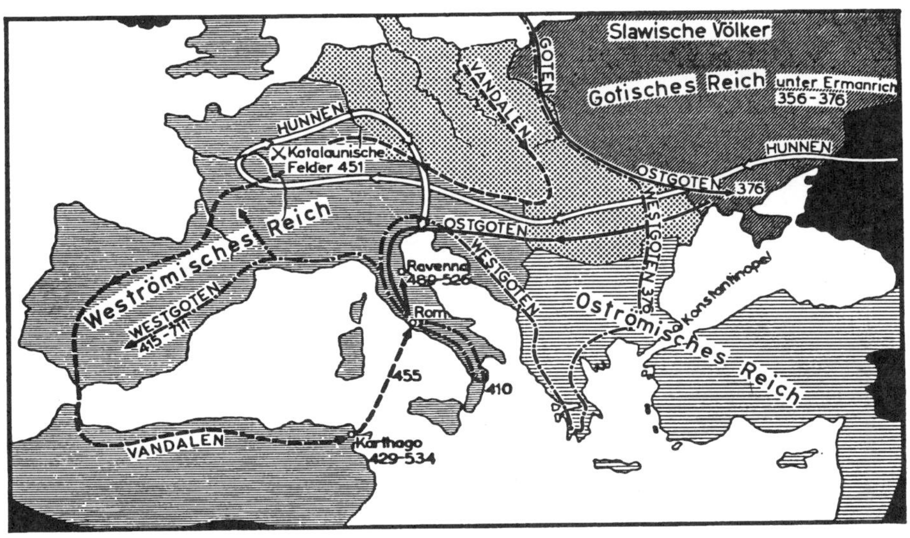

Trage in diesen Zeitstreifen untereinander die Züge der verschiedenen Germanenstämme ein!

		200	300	400	500	600	700	800
Westgoten	375 - 711							
Ostgoten	489 - 553							
Vandalen	400 - 534							
Langobarden	550 - 774							
Alemannen	260 - 500							
Bajuwaren	530 - 770							
Franken	495 - 800							

Folgen:

GSE

Die Völkerwanderung

Im 4. Jahrhundert n. Chr. begann das große Wandern vieler germanischer Stämme - die Völkerwanderung.

Gründe:

- *Verschlechterung des Klimas*
- *Anwachsende Bevölkerung*
- *Weniger Nahrung*
- *Ansturm der Hunnen*

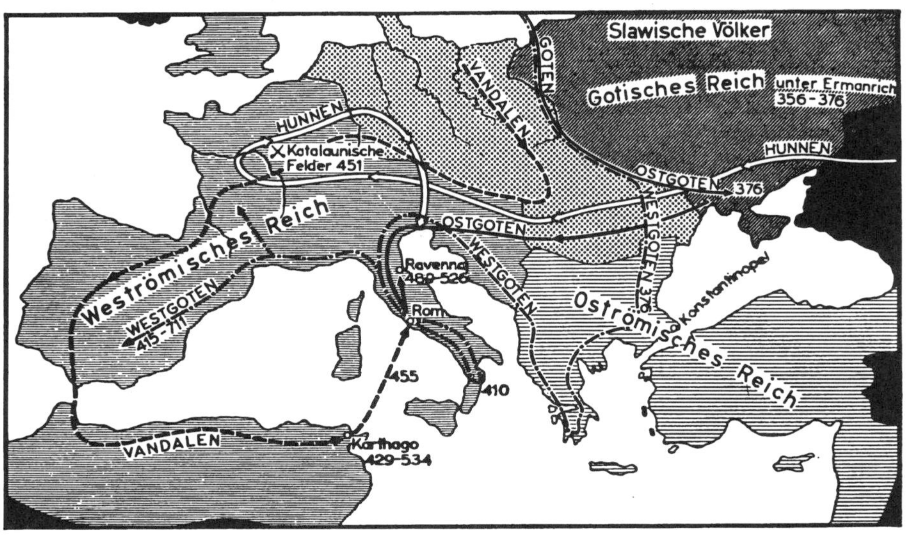

Trage in diesen Zeitstreifen untereinander die Züge der verschiedenen Germanenstämme ein!

		200	300	400	500	600	700	800
Westgoten	375 - 711							
Ostgoten	489 - 553							
Vandalen	400 - 534							
Langobarden	550 - 774							
Alemannen	260 - 500							
Bajuwaren	530 - 770							
Franken	495 - 800							

Folgen: ***Das Römische Reich zerfällt. Es wird in eine West- und eine Osthälfte geteilt. Auf weströmischem Boden entstehen germanische Reiche.***

Der Islam
- eine neue Religion entsteht

Der Name Mohammed in arabischer Schrift

Um 570 wurde in der reichen und mächtigen Stadt Mekka Mohammed, der Begründer des Islam, geboren. Er verlor schon früh seine Eltern und wuchs bei Verwandten auf. Als er herangewachsen war, arbeitete er als Karawanenführer und Kaufmann. Auf seinen Handelsreisen lernte er die Religionen der Juden und Christen kennen. Mohammed war ein nachdenklicher Mensch und zog sich oft in die Einsamkeit der Berge zurück. Eines Tages erschien ihm der Erzengel Gabriel. Mohammed schrieb auf, was ihm Gott durch den Engel verkündete. Das Buch, in dem seine Sätze stehen, heißt Koran; er ist die 'Bibel' der Muslime. Mohammed begann, diese Erkenntnisse seinen Landsleuten zu predigen. In seiner Heimatstadt jedoch stieß er auf Ablehnung. Im Jahre 622 floh er nach Medina und gründete dort eine Gemeinde treuer Anhänger. Das war der Beginn der islamischen Herrschaft und deshalb beginnt mit diesem Jahr die Zeitrechnung der Mohammedaner. Mohammed wurde für seine Leute nicht nur der religiöse, sondern auch der politische Führer. Es gelang ihm, mit seinen Heer Mekka zu erobern. Dann einigte er in wenigen Jahren alle arabischen Stämme. Alle Araber hatten nun Allah als einzigen Gott und Mohammed, seinen Propheten, als alleinigen Herrscher.

Die fünf Grundpfeiler des Islam

- **Es gibt keinen anderen Gott außer Allah, und Mohammed ist sein Prophet**
- **Fünfmal täglich ein Gebet sprechen und sich dabei in Richtung Mekka verneigen.**
- **Die Reichen sollen als Opfer für Allah den Ärmeren ein Almosen geben.**
- **Während des Fastenmonats Ramadan darf tagsüber nichts gegessen werden.**
- **Einmal im Leben sollte der Gläubige nach Mekka pilgern.**

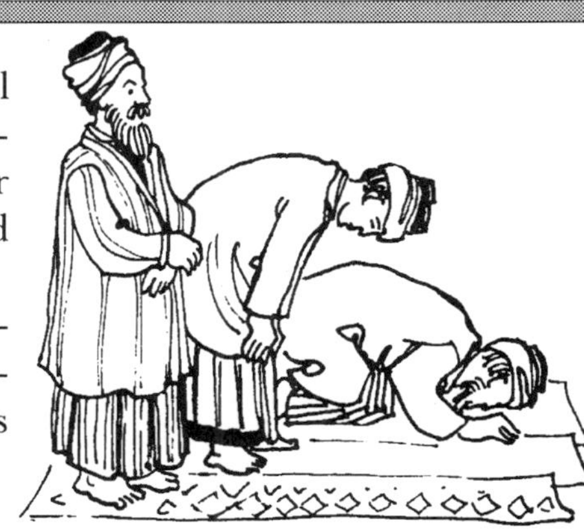

Außer diesen Hauptregeln enthält der Koran auch eine Vielzahl moralischer und rechtlicher Anweisungen. Er untersagt den Gläubigen den Genuss von Schweinefleisch und Alkohol, den Wucher und Glücksspiele jeglicher Art; er regelt Eheschließungen und Scheidungen und setzt Strafen für Verbrechen fest.
Die Vorschriften des Islam gelten nicht nur für den Einzelnen, sondern für den ganzen Staat. Für die Mohammedaner ist eine Regierung nur dann rechtmäßig, wenn sie sich an die Vorschriften des Koran hält.

① *Suche im Atlas die arabische Halbinsel und die Städte Mekka und Medina!*
② *Mit der Flucht Mohammeds nach Medina beginnen die Mohammedaner ihre Zeitrechnung. Welches Jahr zählen sie jetzt?*
③ *Wenn sich in eurer Klasse Kinder islamischen Glaubens befinden, bittet sie, einen Koran mitzubringen und daraus vorzulesen.*
④ *Befragt sie über den Fastenmonat Ramadan und islamische Festtage.*
⑤ *Vergleiche die Grundpfeiler des Islam mit den Grundgeboten der Christen. Was fällt dir auf?*

GSE

Der Islam breitet sich aus

Nach dem Tode Mohammeds (632) begann der unglaubliche Siegeslauf der neuen Religion. Islamische Heere eroberten die völlig überraschten Nachbarländer. Zuerst die reichen Fürstentümer des Nahen Ostens: Syrien, Irak, Palästina, Ägypten und das Persische Reich.
Unter der grünen Flagge des Islam drangen die siegreichen Heere so stürmisch vor, dass sie zunächst keine Zeit fanden, die Bewohner der eroberten Gebiete zu bekehren und eine wirksame Regierung auszuüben. Sie begnügten sich damit, von den 'Ungläubigen' hohe Abgaben einzuziehen. Bald nahmen immer mehr Menschen den Glauben der Eroberer an. Die Streiter unter dem Halbmond erreichten Indien im Osten und den Atlantik im Westen. Sie drangen über die Straße von Gibraltar nach Spanien und Portugal und über die Pyrenäen bis nach Frankreich vor. Hier, bei Tours und Poitiers, siegte der Frankenherrscher Karl Martell über ein arabisches Heer und stoppte so ihren Vormarsch im Jahre 732.
Aber die Bedrohung des Abendlandes bestand weiterhin. Der Balkan fiel in die Hand des Islams, und seit 1453 war Konstantinopel, die Hauptstadt des Oströmischen Reiches, mohammedanisch. Erst durch die Niederlage der Türken vor Wien (1683) wurde die Ausbreitung des Islam in Europa gebannt.

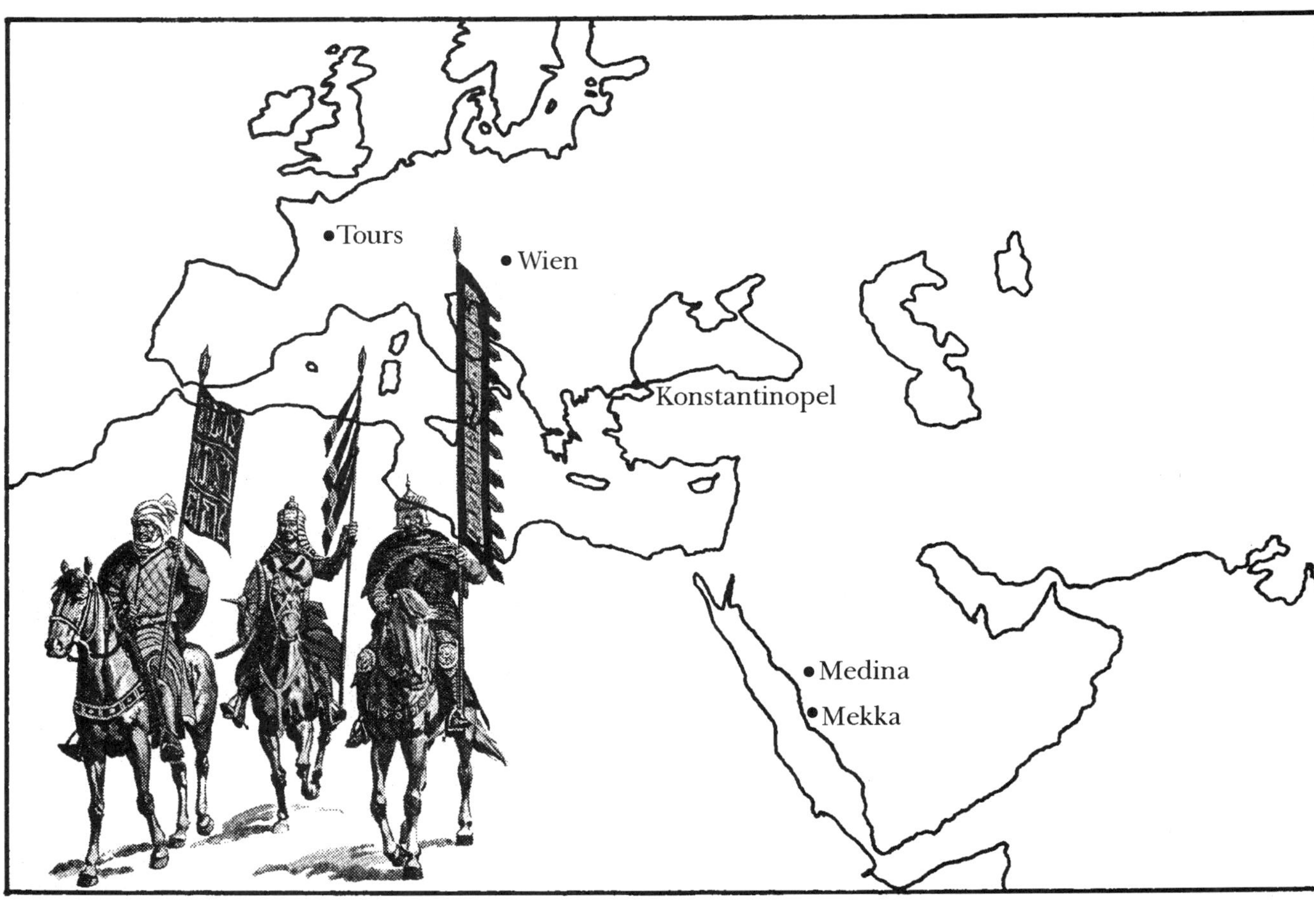

1. *Suche im Atlas die erwähnten Orte und Länder!*
2. *Wie weit ist es von Mekka nach Tours?*
3. *Male auf der Karte die von den Mohammedanern eroberten Gebiete farbig an.*
4. *Vergleiche mit der größten Ausdehnung des Römischen Reiches.*
5. *Informiere dich, in welchen Ländern heute vorwiegend Moslems leben.*
6. *Wie groß ist heute der Anteil der Mohammedaner an der Weltbevölkerung?*

GSE

Der Islam

① Mohammed und seine Lehre

② Die fünf Grundpfeiler des Islam

③ Verdienste der Araber

④ Wörter aus der arabischen Sprache

Admiral
Alkohol
Algebra
Dattel
Diwan
Gibraltar
Kalif
Kamel
Karawane
Magazin
Moschee
Kaffee
Karaffe
Orange
Safran
Sirup
Sofa
Sultan
Tarif
Turban

Auch die Ziffern, wie wir sie heute benutzen, stammen von den Arabern. Sie heißen deshalb ______________ .

Der Islam

① Mohammed und seine Lehre

Der Begründer des Islams war Mohammed, der aus Mekka stammte. Er verkündete seinen Landsleuten einen neuen Glauben. Mohammed musste von Mekka nach Medina fliehen. Dort fand er immer mehr Anhänger. Bald glaubten alle Araber an Allah.

Die Lehren Mohammeds wurden im Koran, dem heiligen Buch der Moslems, gesammelt.

② Die fünf Grundpfeiler des Islam

- ***Es gibt keinen anderen Gott außer Allah, und Mohammed ist sein Prophet.***
- ***Fünfmal täglich ein Gebet sprechen und sich dabei in Richtung Mekka verneigen.***
- ***Die Reichen sollen als Opfer für Allah den Ärmeren ein Almosen geben.***
- ***Während des Fastenmonats Ramadan darf tagsüber nichts gegessen werden.***
- ***Einmal im Leben sollte der Gläubige nach Mekka pilgern.***

③ Verdienste der Araber

künstliche Bewässerung

Heilkunde

Mathematik

Naturwissenschaften

Teppichweberei

Südfrüchte

prächtige Bauten

edle Stoffe

④ Wörter aus der arabischen Sprache

Admiral	Moschee
Alkohol	Kaffee
Algebra	Karaffe
Dattel	Orange
Diwan	Safran
Gibraltar	Sirup
Kalif	Sofa
Kamel	Sultan
Karawane	Tarif
Magazin	Turban

Auch die Ziffern, wie wir sie heute benutzen, stammen von den Arabern. Sie heißen deshalb

arabische Ziffern

Bayern: Topographie und politische Ordnung

Die Schüler sollen sich ein topographisches Grundwissen über Bayern aneignen.

- ❍ Naturräume
- ❍ Größere Flüsse und Seen*
- ❍ Wichtige Städte
- ❍ Gebirge*
- ❍ Politische Gliederung

Die mit * gekennzeichneten Inhalte sind fakultativ.

Alle Blätter/Karten dieses Kapitels eignen sich für die Overlay-Technik. Sie können einzeln erarbeitet werden, sind aber auch miteinander beliebig kombinierbar. Sie sind so gut geeignet zur Sicherung und Lernzielkontrolle.

① **Grundkarte**
Diese Grundkarte zeigt den Umriss Bayerns.
Die SS sollen schrittweise daraus eine komplette topographische Karte Bayerns erstellen.

Σ

AB (S. 64)

② **Flüsse und Seen**
Größere Flüsse: Donau und Main und regional bedeutende Flussläufe, dazu fakultativ Seen
Arbeit mit Karte/Atlas
evtl. Ergänzen durch regional bedeutsame Gewässer

AB (S. 65)
Lösung S. 66

③ **Wichtige Städte**
Arbeit mit Karte/Atlas
Genaue Daten, Stand 1997:

München:	1 225 809	Bayreuth:	73 676
Nürnberg:	492 864	Bamberg:	69 708
Augsburg:	258 457	Aschaffenburg:	66 152
Würzburg:	126 970	Kempten:	61 606
Regensburg:	125 318	Landshut:	59 100
Ingolstadt:	112 929	Rosenheim:	58 908
Fürth:	108 260	Schweinfurt:	55 747
Erlangen:	100 842	Hof:	52 320

AB (S. 67)
Lösung S. 68

④ **Naturräume**
Arbeit mit Karte/Atlas; Schwerpunkt: Kolorierung
Mittelgebirgsschwelle, Schichtstufenland, Alpenvorland, Alpen
fakultativ: niederbayr. Hügelland und Mittelgebirge

AB (S. 69)
Lösung S. 70

⑤ **Gebirge***
Wichtige Gebirge in Bayern
Einteilung nach Alpen und Mittelgebirge
Die Alpen werden in einem folgenden Kapitel behandelt

AB (S. 71)
Lösung S. 72

⑥ **Regierungsbezirke**
Die sieben bayerischen Regierungsbezirke
Vertiefende Arbeit am 'eigenen' Regierungsbezirk

AB (S. 73)
Lösung S. 74

Bayern

Grundkarte

① Ermittle die größte Ausdehnung Bayerns in Nord-Süd- und in West-Ost-Richtung.

② Informiere dich über die Fläche und die Einwohnerzahl Bayerns. Vergleiche sie mit den Flächen und den Einwohnerzahlen der anderen Bundesländer.

③ Welche Länder grenzen an Bayern? Notiere sie.

④ Suche im Atlas eine geeignete Bayernkarte und ermittle deinen Wohnort.

GSE	______________________________	

Bayern

Flüsse und Seen

△1 ______________________
△2 ______________________
△3 ______________________
△4 ______________________
△5 ______________________
△6 ______________________
△7 ______________________
△8 ______________________
△9 ______________________

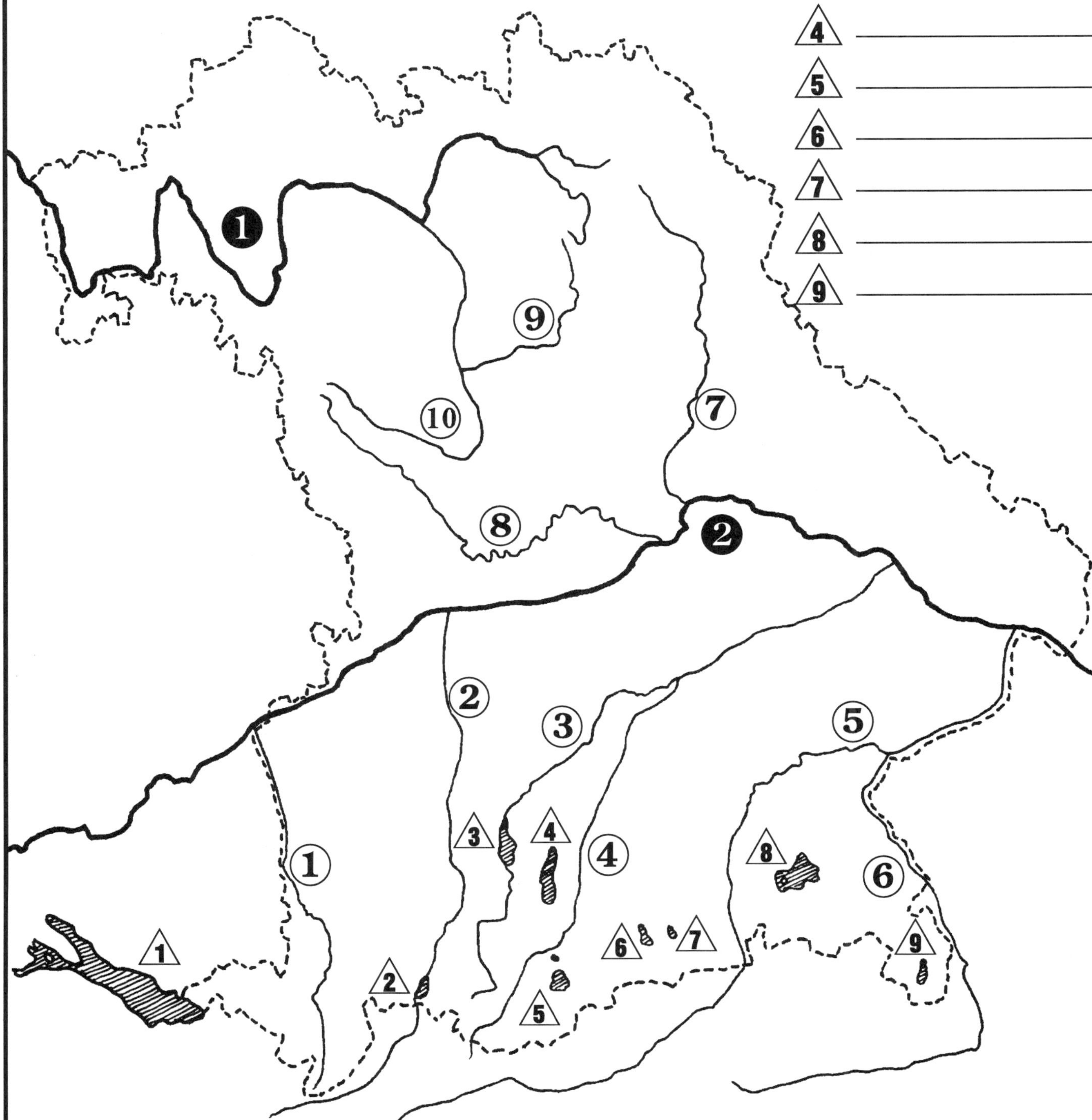

❶ ______________________ ③ ______________________ ⑦ ______________________
❷ ______________________ ④ ______________________ ⑧ ______________________
① ______________________ ⑤ ______________________ ⑨ ______________________
② ______________________ ⑥ ______________________ ⑩ ______________________

GSE

Bayern

Flüsse und Seen

❶	Main	③	Amper	⑦	Naab
❷	Donau	④	Isar	⑧	Altmühl
①	Iller	⑤	Inn	⑨	Pegnitz
②	Lech	⑥	Salzach	⑩	Regnitz

GSE

Bayern

wichtige Städte

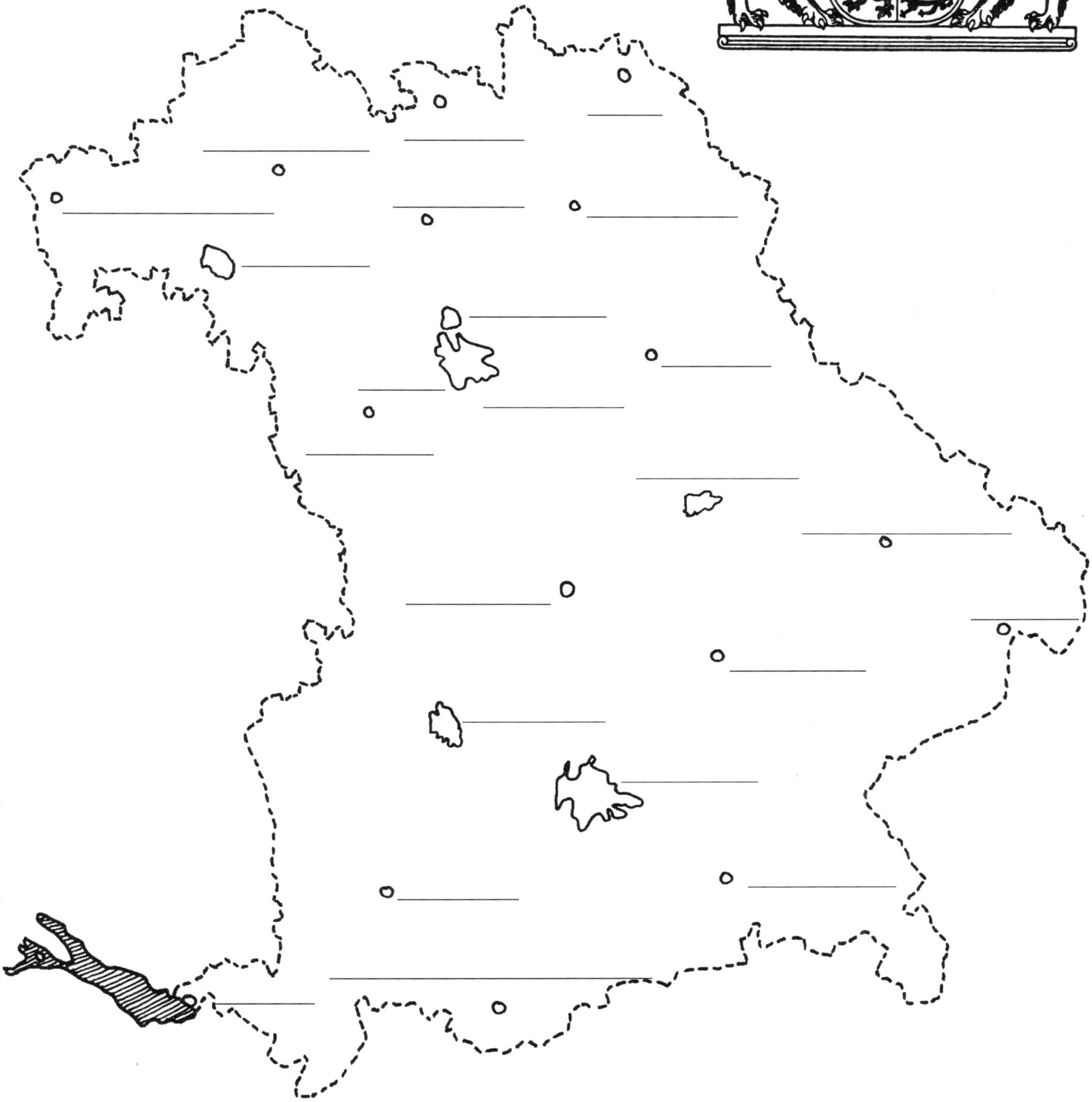

Städte mit mehr als 100 000 Einwohnern:

GSE

Bayern

wichtige Städte

Städte mit mehr als 100 000 Einwohnern:

München	*Augsburg*	*Regensburg*	*Fürth*
Nürnberg	*Würzburg*	*Ingolstadt*	*Erlangen*

GSE

Bayern

Naturräume

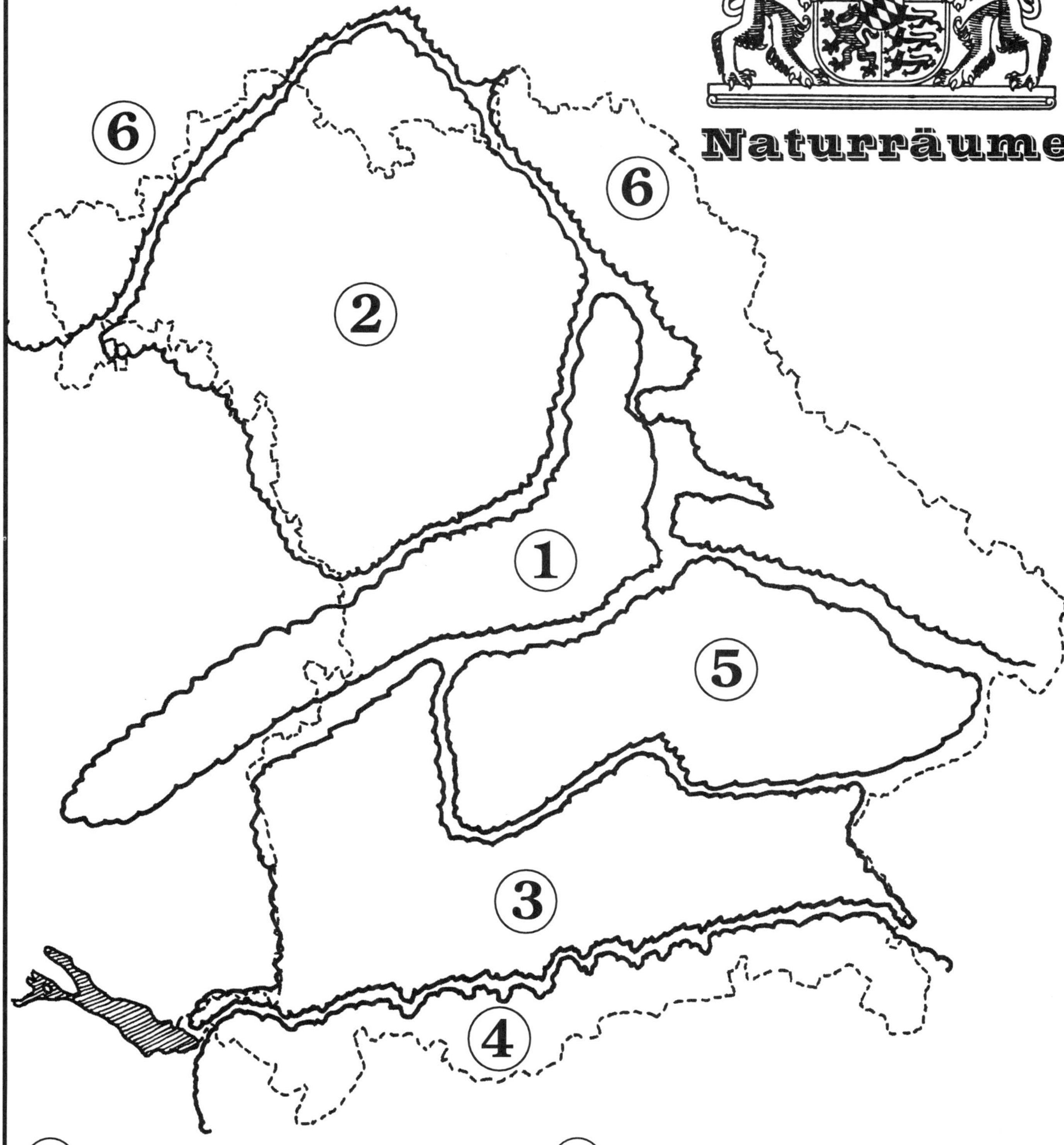

1 ______________________ 4 ______________________

2 ______________________ 5 ______________________

3 ______________________ 6 ______________________

GSE

Bayern

Naturräume

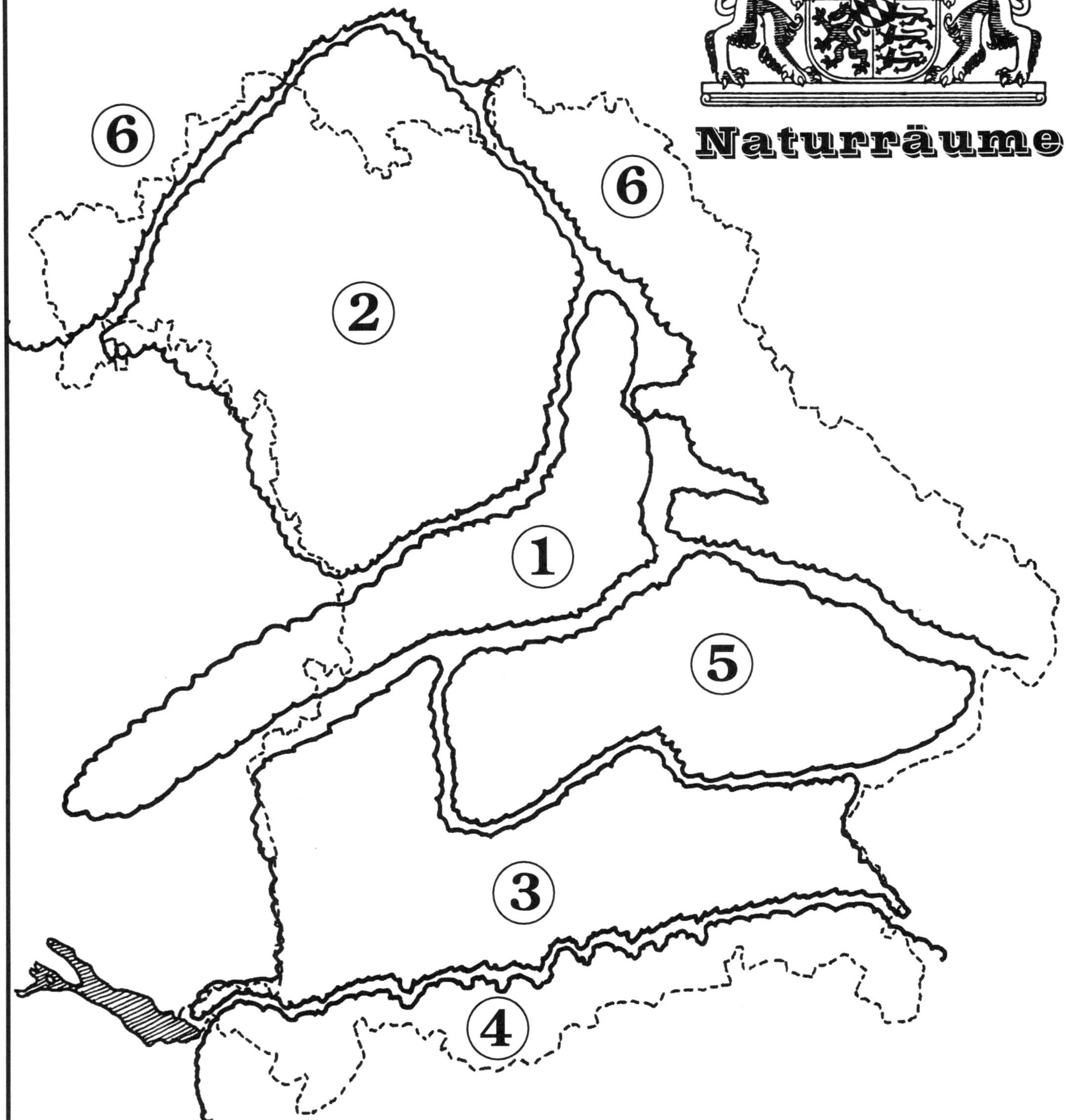

1 *Mittelgebirgsschwelle*

2 *Schichtstufenland*

3 *Alpenvorland*

4 *Alpen*

5 *Niederbayerisches Hügelland*

6 *Mittelgebirge*

GSE

Bayern

Gebirge

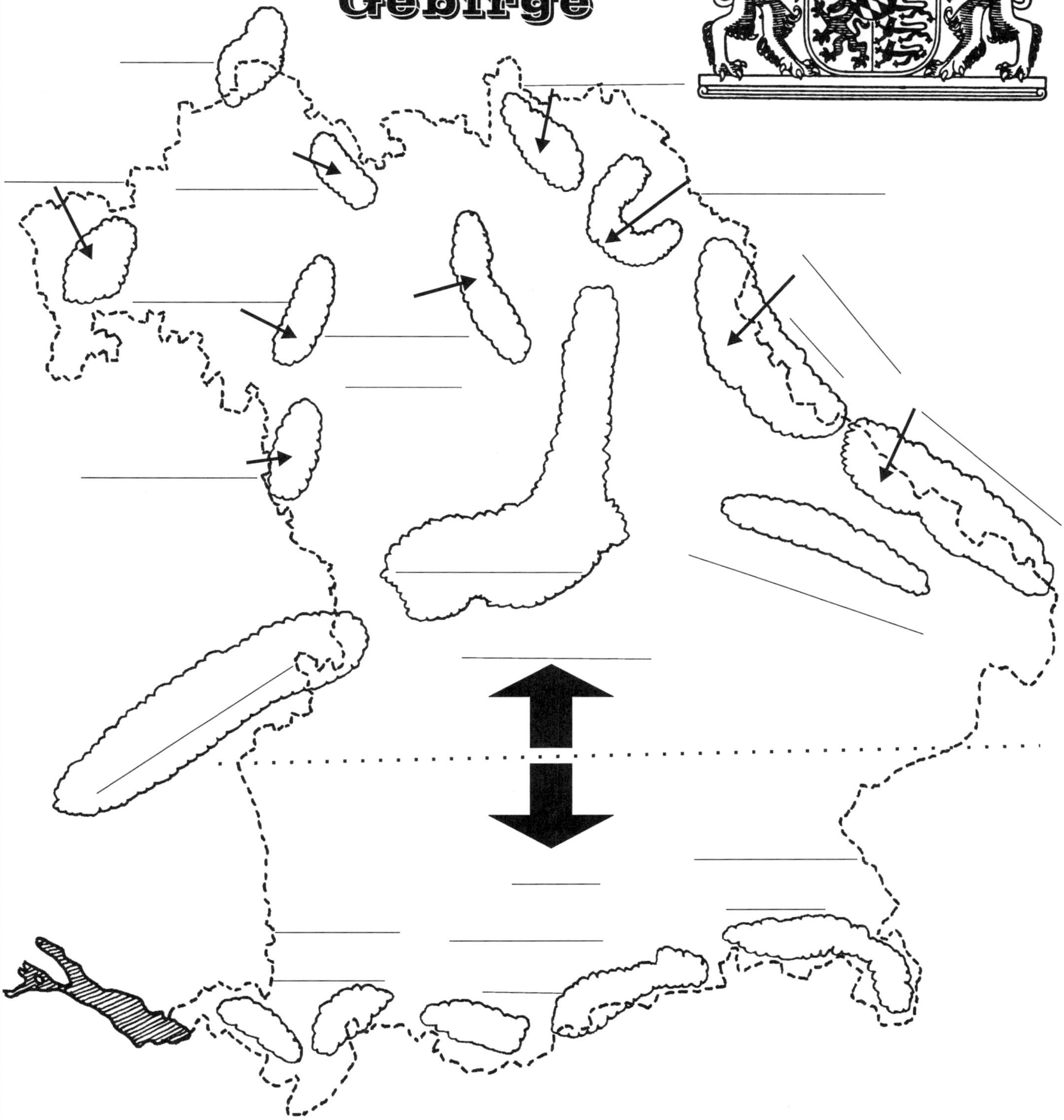

1. Wie heißt das Gebirge, das deinem Wohnort am nächsten ist?
2. Welche Gebirge kennst du schon? Beschreibe sie.
3. Suche auf deinem Atlas die höchsten Berge aller bayerischen Gebirge heraus.
4. Male die Gebirge auf diesem Blatt mit entsprechenden Farben an. Informiere dich, welche Farben du dafür brauchst. Gib in einer Legende an, was die einzelnen Farben bedeuten.

GSE

Bayern

Gebirge

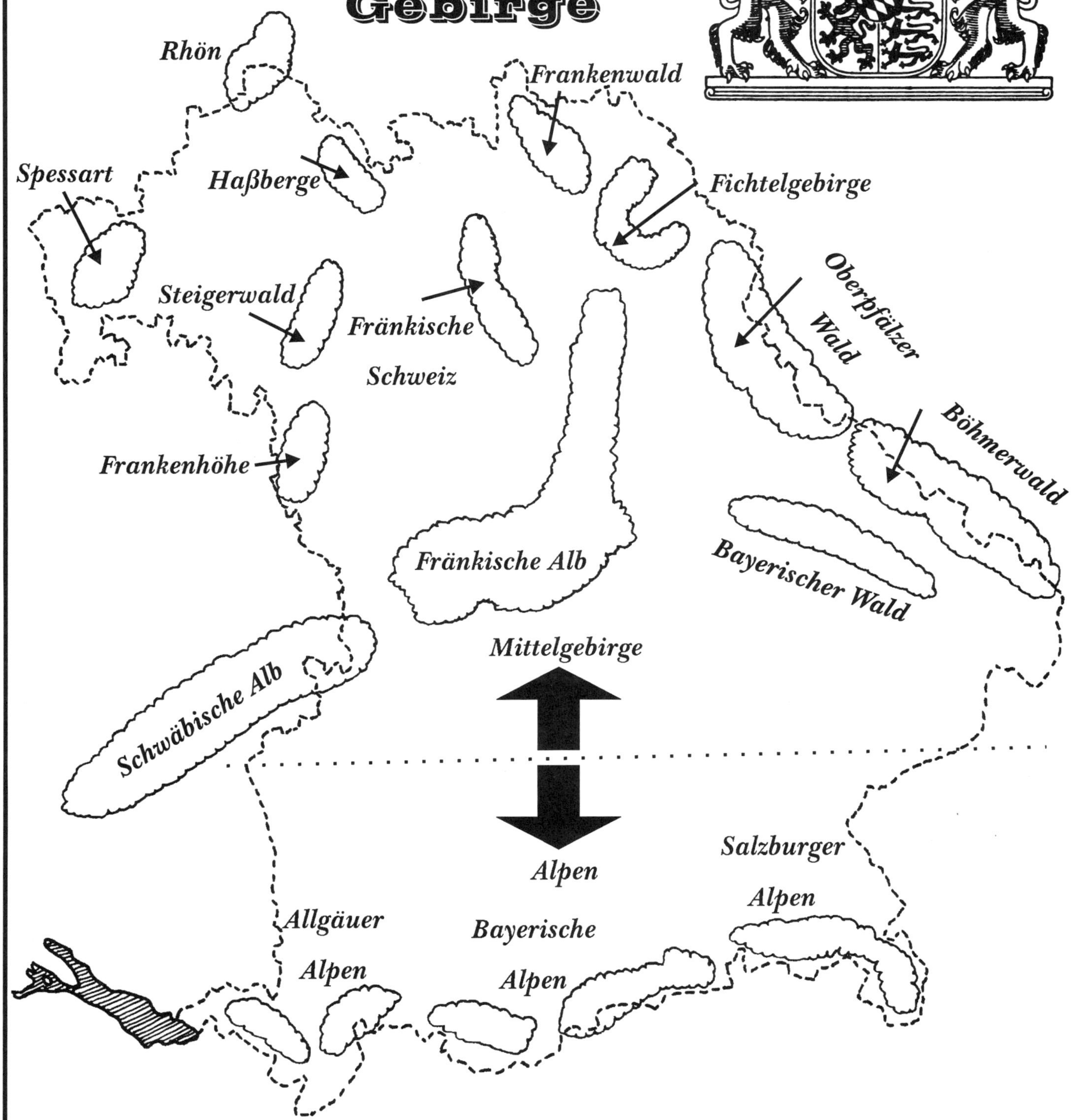

① Wie heißt das Gebirge, das deinem Wohnort am nächsten ist?

② Welche Gebirge kennst du schon? Beschreibe sie.

③ Suche auf deinem Atlas die höchsten Berge aller bayerischen Gebirge heraus.

④ Male die Gebirge auf diesem Blatt mit entsprechenden Farben an. Informiere dich, welche Farben du dafür brauchst. Gib in einer Legende an, was die einzelnen Farben bedeuten.

GSE

Bayern

Regierungsbezirke

① Informiere dich über die Fläche und die Einwohnerzahl deines Regierungsbezirks.

② Finde auf einer geeigneten Karte heraus, wie die einzelnen Hauptstädte der Regierungsbezirke heißen und notiere ihre Namen.

③ In welchem Regierungsbezirk liegt die Landeshauptstadt und wie heißt sie?

④ Die Namen der Regierungsbezirke geben Aufschluss über die Herkunft der Bevölkerung!

GSE

Bayern

Regierungsbezirke

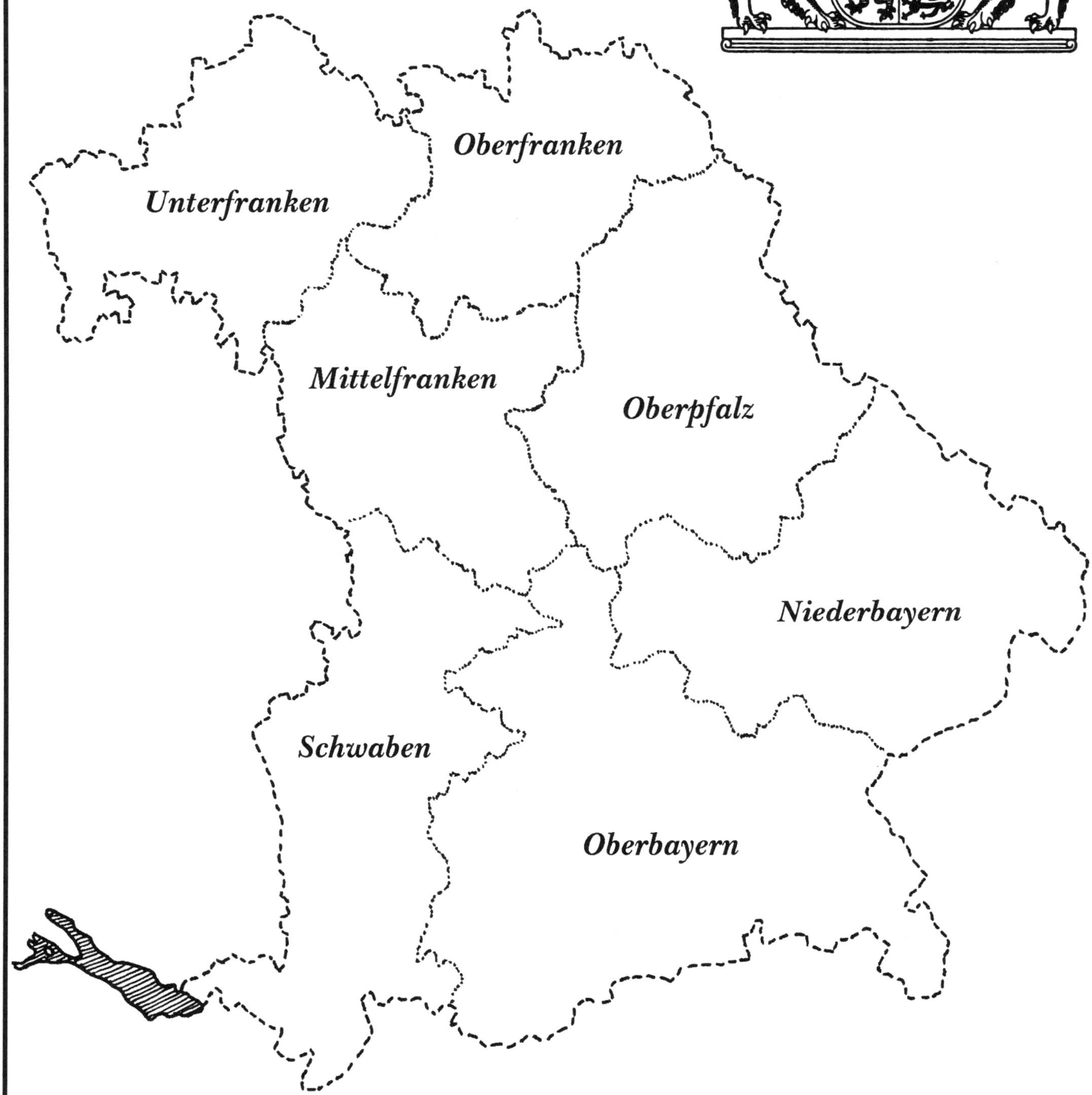

① Informiere dich über die Fläche und die Einwohnerzahl deines Regierungsbezirks.

② Finde auf einer geeigneten Karte heraus, wie die einzelnen Hauptstädte der Regierungsbezirke heißen und notiere ihre Namen.

③ In welchem Regierungsbezirk liegt die Landeshauptstadt und wie heißt sie?

④ Die Namen der Regierungsbezirke geben Aufschluss über die Herkunft der Bevölkerung!

Bayern: Wirtschaftsräume/ agrarische Produktionsschwerpunkte

- ❍ Allgäu
- ❍ Gäuboden
- ❍ Hallertau
- ❍ Weinbau in Franken

Diese agrarischen Produktionsschwerpunkte können im Vergleich zu analogen Gegenden Deutschlands betrachtet werden.

① **Landwirtschaft in Bayern** Bedeutung der Landwirtschaft anhand des Interviews erarbeiten Anteil der landwirtschaftlichen Nutzfläche erkennen Anteil der in der Landwirtschaft Beschäftigten Erwerbstätige und Flächennutzung: Zahlen aus Bayern		AB (S. 76)
② **Bayern: Landwirtschaft** Erzeugungsschwerpunkte in Bayern Eintragen der regional wichtigsten Produkte		AB (S. 77) ✎*Lösung S.78*
③ **Von der Landwirtschaft** Bauer und Bäuerin heute (Textarbeit); eigene Erfahrungen einbringen Voraussetzungen für den Anbau erarbeiten		AB (S. 79) ✎*Lösung S.80*
④ **Milchwirtschaft im Allgäu** Arbeit mit Karte/Atlas: räumliche Definition 'Allgäu' Aus den natürlichen Bedingungen auf die Bedeutung für den Ackerbau bzw. die Bodennutzung schließen Spezialisierung auf die Milchwirtschaft		AB (S. 81) ✎*Lösung S.82*
⑤ **Der Gäuboden** Arbeit mit Karte/Atlas: räumliche Definition 'Gäuboden' Aus den natürlichen Bedingungen auf die Bedeutung für den Ackerbau bzw. die Bodennutzung schließen Der Gäuboden ist die Kornkammer Bayerns		AB (S. 83) ✎*Lösung S.84*
⑥ **Die Hallertau** Arbeit mit Karte/Atlas: räumliche Definition 'Hallertau' Die natürlichen Bedingungen in der Hallertau begünstigen den Hopfenanbau Basisinformationen zur Hopfenpflanze Hopfen + Gerste + Wasser = Bier		AB (S. 85) ✎*Lösung S.86*
⑦ **Weinbau in Franken** Arbeit mit Karte/Atlas: räumliche Definition 'Weinbau Franken' Natürlichen Bedingungen: besonders geschützte Lage Sonnenstrahlen am Südhang Basisinformation zum Weinbau Arbeiten des Winzers Wichtige Weinbaugebiete Deutschlands		AB (S. 87) ✎*Lösung S.88*

Landwirtschaft in Bayern

Gespräch mit dem bayerischen Landwirtschaftsminister:
R: 'Herr Minister, welche Bedeutung hat die Landwirtschaft in Bayern?'
M: 'Bayern ist zwar nicht mehr ein reines Agrarland, dennoch ist der Freistaat eines der bedeutendsten Agrarländer der Bundesrepublik Deutschland.'
R: 'Welche Aufgaben hat die Landwirtschaft heute besonders zu erfüllen?'
M: ' Die Landwirtschaft versorgt nach wie vor die Bevölkerung mit hochwertigen Nahrungsgütern wie Gemüse, Kartoffeln, Getreide oder Milchprodukten, auch wenn viele Nahrungsmittel aus anderen Ländern importiert werden, z.B. Wein, Obst und Südfrüchte. Außerdem erfüllt die Landwirtschaft vielfältige Aufgaben des Naturschutzes. Sie hegt und pflegt den Boden, gestaltet und erhält die Landschaft als Erholungsraum, pflanzt Hecken und Bäume und hilft so, das biologische Gleichgewicht der Natur zu erhalten.'

Verteilung der Fläche:

landwirtschaftliche Nutzfläche	*Wald, Siedlungen, Ödland*

In Bayern ist nur etwa einer von 20 Beschäftigten in der Landwirtschaft tätig.
Mit der Landwirtschaft hat aber jede sechste Arbeitnehmer zu tun.

- Maschinenherstellung und Wartung
- Herstellung von Mischfutter und Düngemitteln
- Verarbeitung der Produkte
- Handel

Von den 5,5 Millionen Erwerbstätigen in Bayern arbeiten:

0,265 Mio. in der Landwirtschaft

2,088 Mio. im produzierenden Gewerbe

0,962 Mio. in Handel und Verkehr

2,194 Mio. im Dienstleistungsbereich

Flächennutzung in Bayern:

Gesamtfläche Bayerns

Gesamtwirtschaftsfläche

landwirtschaftlich genutzte Fläche	***Waldfläche***

① Welche Aufgaben hat die Landwirtschaft?
② Was wird in der Landwirtschaft erzeugt?
③ Warum braucht die Landwirtschaft so viel Fläche?

GSE

Bayern

Landwirtschaft

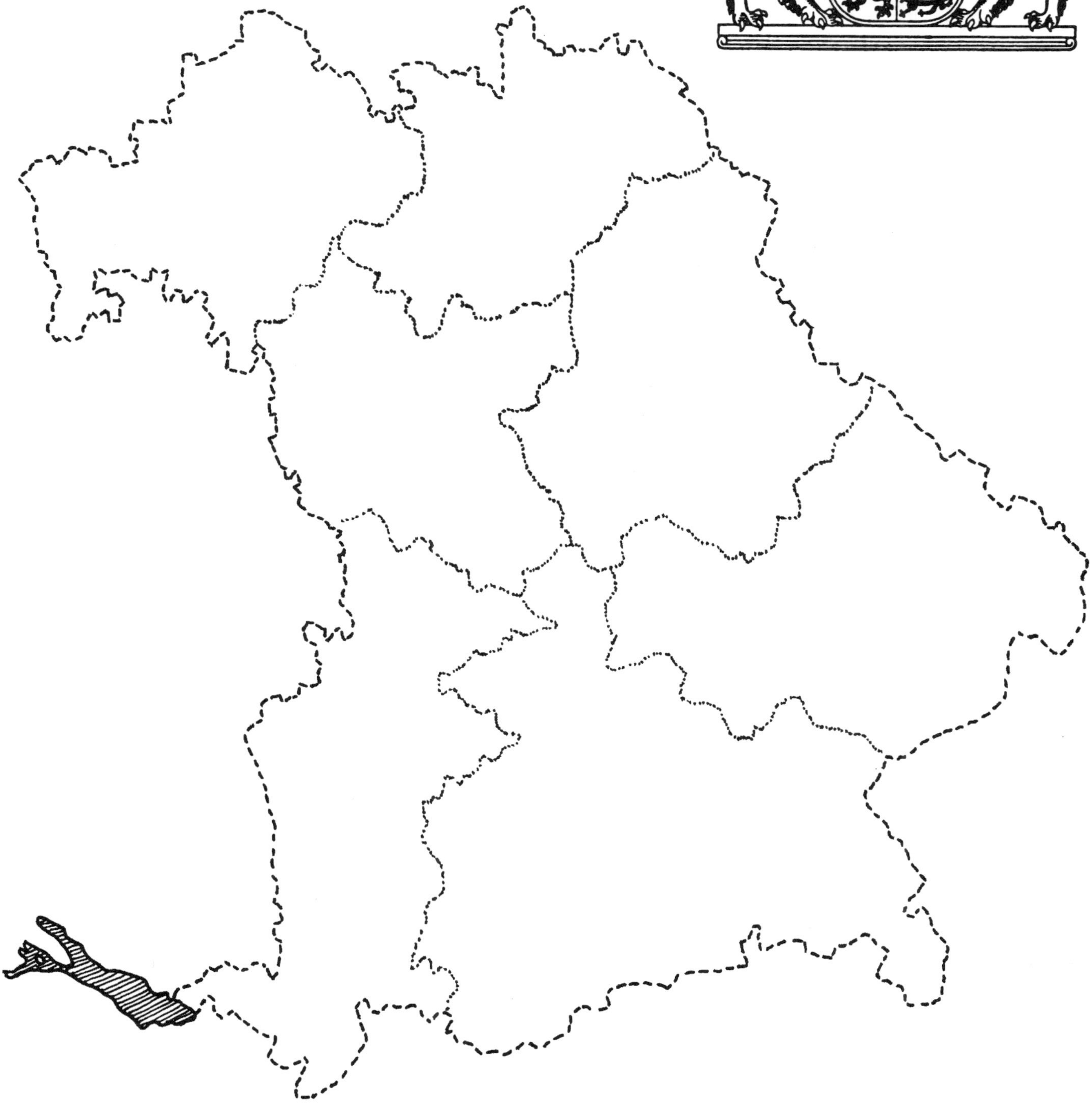

GSE

Bayern

Landwirtschaft

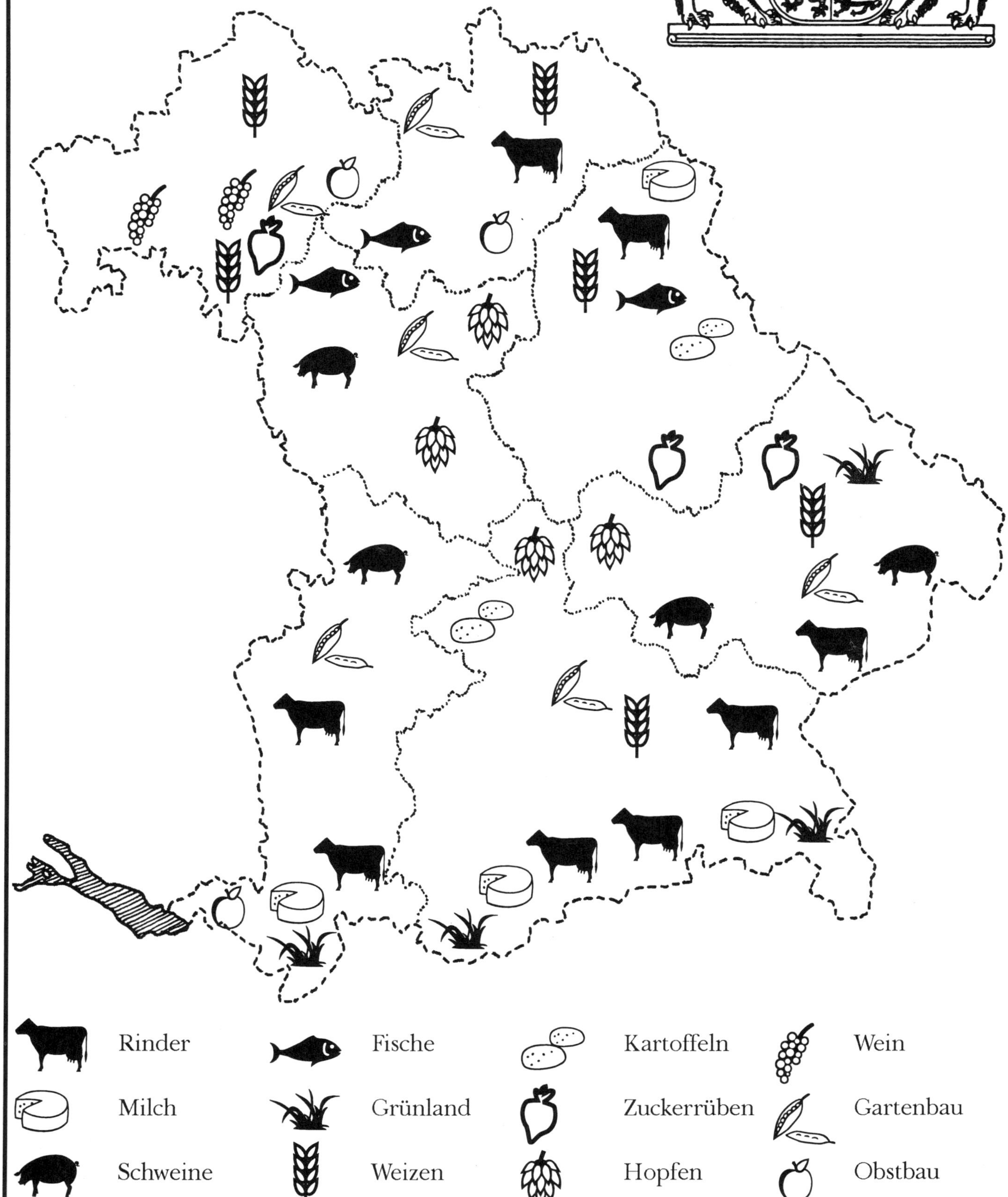

GSE

Von der Landwirtschaft

Bauer und Bäuerin haben einen der ältesten und wichtigsten Berufe der Welt. Sie bringen uns mit ihrer Arbeit Getreide, Gemüse, Obst, Milch, Fleisch, Eier. Heute fahren die Landwirte mit dem Traktor und benutzen vielfältige Maschinen. Landwirtschaftliche Fachschulen bereiten die jungen Menschen auf ihren Beruf vor. Sie müssen viel von Technik verstehen und gute Kaufleute sein. Sie verkaufen Milch, Getreide und anderen Waren über die Genossenschaft, der sie angehören. Nur noch selten verkaufen die Bauern ihre Produkte selbst auf einem Markt. Viele Bauern haben sich auf einen einzigen Zweig der Landwirtschaft beschränkt: auf den Ackerbau, auf die Viehzucht oder auch auf ein einziges Produkt: z.B. auf Getreideanbau oder auf Geflügelzucht. Der Beruf des Bauern ist aber nach wie vor kein Beruf für bequeme Leute. Das Vieh will auch an Sonn- und Feiertagen sein Futter. Das Getreide muss eingebracht werden, wenn es reif ist. Es gibt sehr moderne landwirtschaftliche Betriebe mit beheizten Stallungen, Lagerräumen, Maschinenhallen, Silos und einem abseits stehenden Wohnhaus. Und es gibt alte Bauernhäuser mit Ställen, Scheunen und Schuppen, in denen aber heute ebenfalls Traktoren und Maschinen stehen und die Kühe mit Melkmaschinen gemolken werden.

Voraussetzungen für den Anbau:

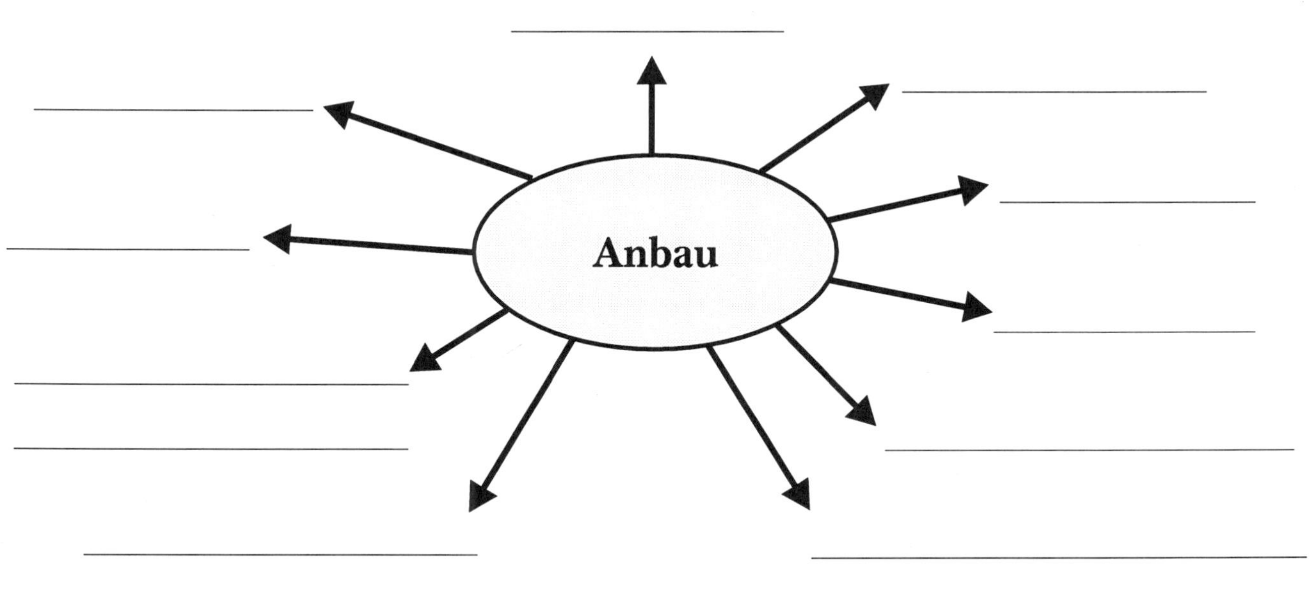

GSE

Von der Landwirtschaft

Bauer und Bäuerin haben einen der ältesten und wichtigsten Berufe der Welt. Sie bringen uns mit ihrer Arbeit Getreide, Gemüse, Obst, Milch, Fleisch, Eier. Heute fahren die Landwirte mit dem Traktor und benutzen vielfältige Maschinen. Landwirtschaftliche Fachschulen bereiten die jungen Menschen auf ihren Beruf vor. Sie müssen viel von Technik verstehen und gute Kaufleute sein. Sie verkaufen Milch, Getreide und anderen Waren über die Genossenschaft, der sie angehören. Nur noch selten verkaufen die Bauern ihre Produkte selbst auf einem Markt. Viele Bauern haben sich auf einen einzigen Zweig der Landwirtschaft beschränkt: auf den Ackerbau, auf die Viehzucht oder auch auf ein einziges Produkt: z.B. auf Getreideanbau oder auf Geflügelzucht. Der Beruf des Bauern ist aber nach wie vor kein Beruf für bequeme Leute. Das Vieh will auch an Sonn- und Feiertagen sein Futter. Das Getreide muss eingebracht werden, wenn es reif ist. Es gibt sehr moderne landwirtschaftliche Betriebe mit beheizten Stallungen, Lagerräumen, Maschinenhallen, Silos und einem abseits stehenden Wohnhaus. Und es gibt alte Bauernhäuser mit Ställen, Scheunen und Schuppen, in denen aber heute ebenfalls Traktoren und Maschinen stehen und die Kühe mit Melkmaschinen gemolken werden.

Voraussetzungen für den Anbau:

künstliche Voraussetzungen	*natürliche Voraussetzungen*

Anbau

- *Bodenqualität*
- *Niederschläge*
- *Temperatur*
- *Sonnenschein*
- *Lage (hoch, windig, ...)*
- *Oberfläche (steinig, hügelig, ...)*
- *Erfahrung und Können des Bauern*
- *Größe und Ausstattung des Hofes*
- *Verkehrswege*
- *Flurbereinigung*

GSE

Milchwirtschaft im Allgäu

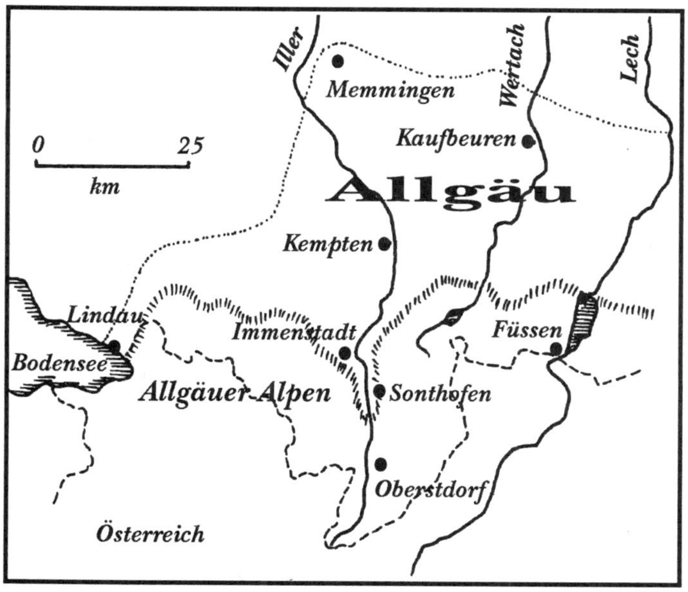

① Suche in deinem Atlas eine geeignete Karte.

② Übertrage die Farben auf die Karte links.

③ Informiere dich über Niederschläge und Sonnenscheindauer im Allgäu.

④ Überlegt euch, wie die Landschaft im Allgäu aussehen könnte.

⑤ Bittet ein Fremdenverkehrsbüro im Allgäu, euch Informationsmaterial zuzusenden.

⑥ Welche Milchprodukte kennst du?

⑦ Kennst du noch andere Gebiete, in denen hauptsächlich Grünlandwirtschaft betrieben wird?

Natürliche Bedingungen

Oberflächenform	Klima	Bodengüte
______________	______________	______________
______________	______________	______________

Bedeutung für den Ackerbau

______________	______________	______________
______________	______________	______________

____

____

Bodennutzung

____

____

____

GSE

Milchwirtschaft im Allgäu

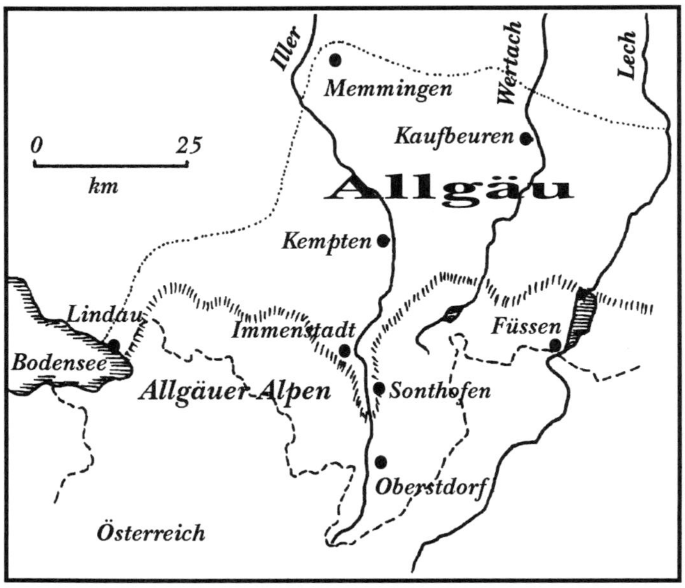

1. Suche in deinem Atlas eine geeignete Karte.
2. Übertrage die Farben auf die Karte links.
3. Informiere dich über Niederschläge und Sonnenscheindauer im Allgäu.
4. Überlegt euch, wie die Landschaft im Allgäu aussehen könnte.
5. Bittet ein Fremdenverkehrsbüro im Allgäu, euch Informationsmaterial zuzusenden.
6. Welche Milchprodukte kennst du?
7. Kennst du noch andere Gebiete, in denen hauptsächlich Grünlandwirtschaft betrieben wird?

Natürliche Bedingungen

Oberflächenform	Klima	Bodengüte
hügelig, steile Hänge	*sehr viel Regen kurze Sommer*	*mittel bis schlecht steinig/sandig*

Bedeutung für den Ackerbau

Maschineneinsatz kaum moglich	*schlechtes Wachstum*	*geringe Ernteerträge*

günstig für Graswuchs

ungünstig für Ackerbau

Bodennutzung

hauptsächlich Grünlandwirtschaft - Wiesen und Weiden

Ackerbau nur zur Selbstversorgung - geringe Erträge

Spezialisierung auf Milchwirtschaft

Der Gäuboden

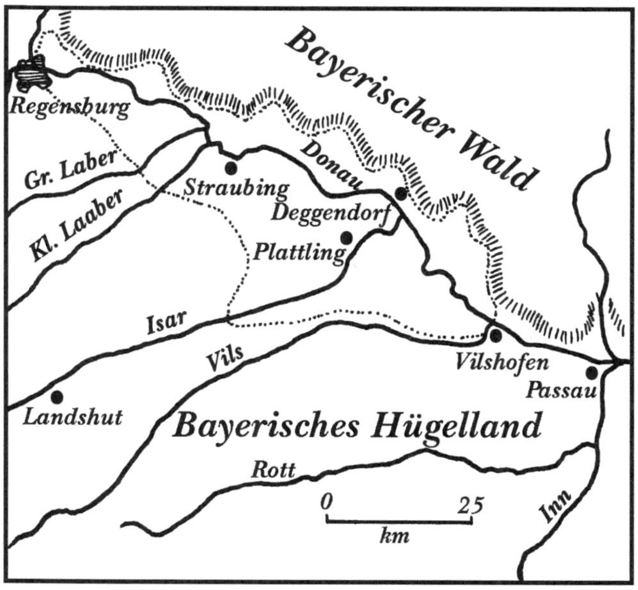

1. Suche in deinem Atlas eine geeignete Karte.
2. Übertrage die Farben auf die Karte links.
3. Informiere dich über Niederschläge und Sonnenscheindauer im Gäuboden.
4. Überlegt euch, wie die Landschaft im Gäuboden aussehen könnte.
5. Der Gäuboden ist vor dem kalten Ostwind gut geschützt. Erkläre!
6. Welche Ackerbauprodukte kennst du?
7. Kennst du noch andere Gebiete, in denen hauptsächlich Ackerbau betrieben wird?

Natürliche Bedingungen

Oberflächenform	Klima	Bodengüte
______________	______________	______________
______________	______________	______________

Bedeutung für den Ackerbau

______________	______________	______________
______________	______________	______________

____

____

Bodennutzung

____

____

____

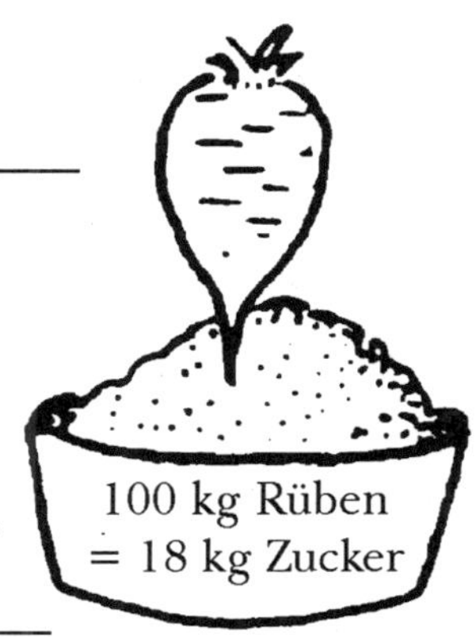

GSE

Der Gäuboden

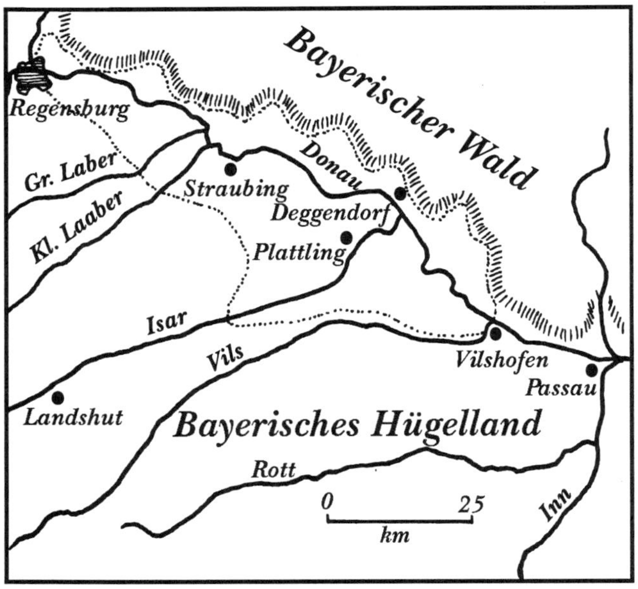

1. Suche in deinem Atlas eine geeignete Karte.
2. Übertrage die Farben auf die Karte links.
3. Informiere dich über Niederschläge und Sonnenscheindauer im Gäuboden.
4. Überlegt euch, wie die Landschaft im Gäuboden aussehen könnte.
5. Der Gäuboden ist vor dem kalten Ostwind gut geschützt. Erkläre!
6. Welche Ackerbauprodukte kennst du?
7. Kennst du noch andere Gebiete, in denen hauptsächlich Ackerbau betrieben wird?

Natürliche Bedingungen

Oberflächenform	Klima	Bodengüte
ebenes Land durch Gebirge geschützt	*lange, warme Sommer genügend Regen*	*sehr fruchtbarer Lössboden*

Bedeutung für den Ackerbau

Maschineneinsatz gut möglich	*gutes Wachstum*	*hohe Ernteerträge*

beste natürliche Voraussetzungen für den Ackerbau

Bodennutzung

Ackerbau - hohe Erträge

Getreide, Gemüse, Zuckerrüben

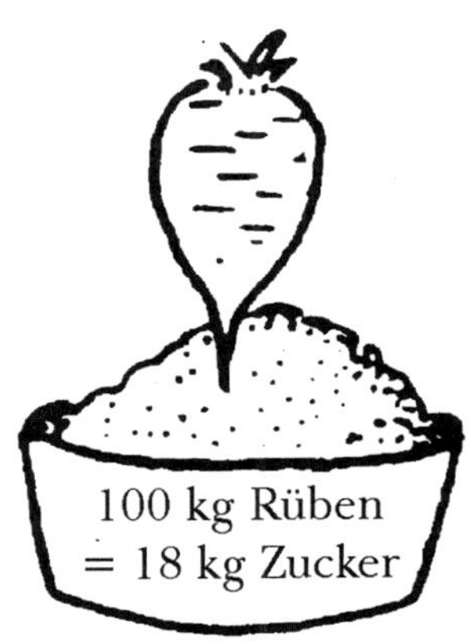

Gäuboden = Kornkammer Bayerns

GSE

Die Hallertau

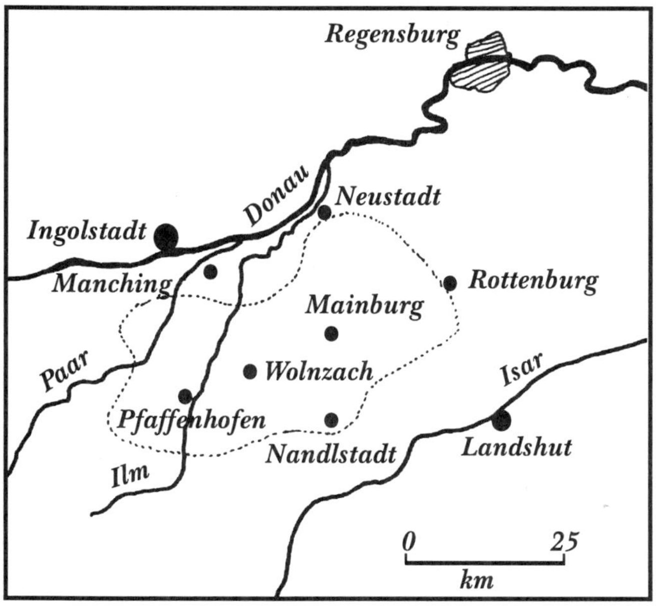

① Suche in deinem Atlas eine geeignete Karte.

② Übertrage die Farben auf die Karte links.

③ Im Herkunftswörterbuch des Duden, Band 7, schlage unter 'Hopfen' nach!

④ Die Hopfendolde ist ein begehrtes Pflanzenteil. Wofür verwendet man sie? Informiere dich.

⑤ Erkundige dich in einer Brauerei, woraus und wie Bier hergestellt wird.

⑥ Verfasst einen Brief an die 'Deutsche Gesellschaft für Hopfenforschung e. V.' Gut Hüll, 85283 Wolnzach und bittet um Informationsmaterial.

Die natürlichen Bedingungen in der Hallertau sind für den Hopfenanbau bestens geeignet.

☺ **Klima:** ______________________________

☺ **Boden:** ______________________________

☺ **Lage:** ______________________________

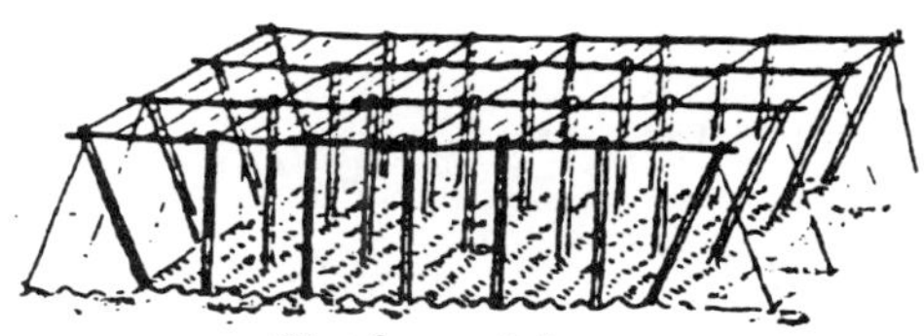
Hopfengerüst

Der Welt größtes Hopfenanbaugebiet ist die __________ . Die Bauern dieser Gegend haben sich in den letzten Jahrhunderten auf den Hopfenanbau __________ . Der Hopfen gehört zu den __________ und braucht zum Wachsen ein hohes Klettergerüst. Seine Wurzeln reichen ______ in die Erde hinein. Seine Triebe verlangen __________ ________ Klima, eine von Wind und Nebel __________ und __________ Temperaturen. Der Hopfenanbau ist sehr __________ . Es muss gepflanzt, gedüngt, zugeschnitten, ausgebessert, gespritzt und schließlich geerntet werden.

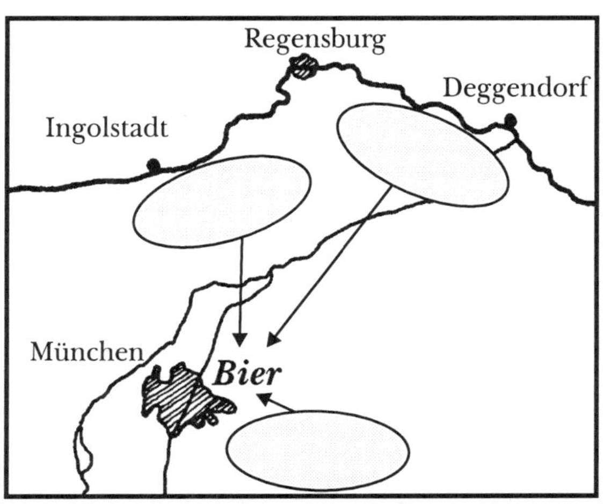

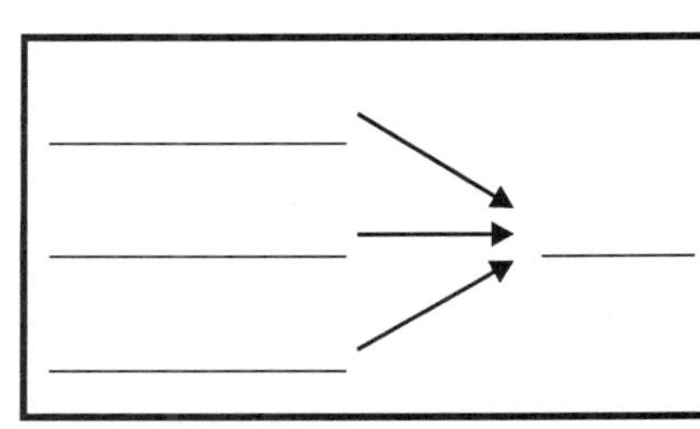

Hopfen verleiht dem Bier den bitteren Geschmack und macht es haltbar.

GSE

Die Hallertau

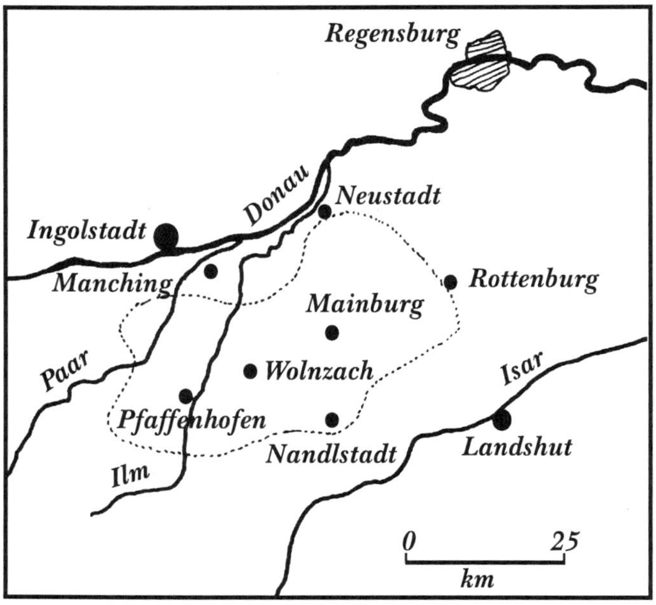

① Suche in deinem Atlas eine geeignete Karte.

② Übertrage die Farben auf die Karte links.

③ Im Herkunftswörterbuch des Duden, Band 7, schlage unter 'Hopfen' nach!

④ Die Hopfendolde ist ein begehrtes Pflanzenteil. Wofür verwendet man sie? Informiere dich.

⑤ Erkundige dich in einer Brauerei, woraus und wie Bier hergestellt wird.

⑥ Verfasst einen Brief an die 'Deutsche Gesellschaft für Hopfenforschung e. V.' Gut Hüll, 85283 Wolnzach und bittet um Informationsmaterial.

Die natürlichen Bedingungen in der Hallertau sind für den Hopfenanbau bestens geeignet.

☺ **Klima:** ***nebelarm, ausgeglichene Temperaturen***

☺ **Boden:** ***tiefgründig, nährstoffreich, sandig-lehmig***

☺ **Lage:** ***windgeschützt, aber nicht windstill***

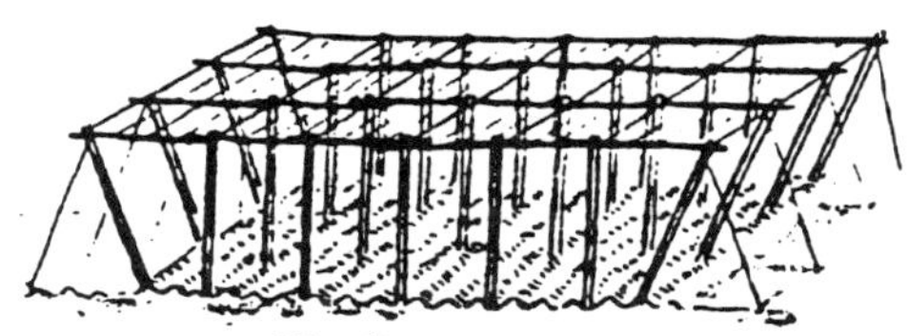

Hopfengerüst

Der Welt größtes Hopfenanbaugebiet ist die ***Hallertau***. Die Bauern dieser Gegend haben sich in den letzten Jahrhunderten auf den Hopfenanbau ***spezialisiert***. Der Hopfen gehört zu den ***Kletterpflanzen*** und braucht zum Wachsen ein hohes Klettergerüst. Seine Wurzeln reichen ***tief*** in die Erde hinein. Seine Triebe verlangen ***feucht-warmes*** Klima, eine von Wind und Nebel ***geschützte Lage*** und ***gleichmäßige*** Temperaturen. Der Hopfenanbau ist sehr ***arbeitsintensiv***. Es muss gepflanzt, gedüngt, zugeschnitten, ausgebessert, gespritzt und schließlich geerntet werden.

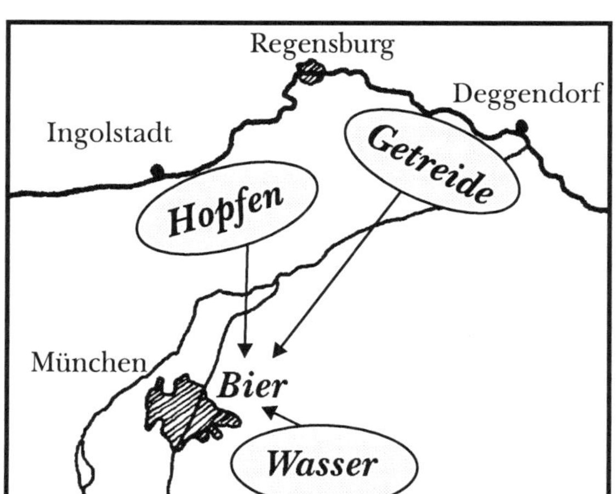

Hopfen → ***Bier***
Gerste → ***Bier***
Wasser → ***Bier***

Hopfen verleiht dem Bier den bitteren Geschmack und macht es haltbar.

GSE

Weinbau in Franken

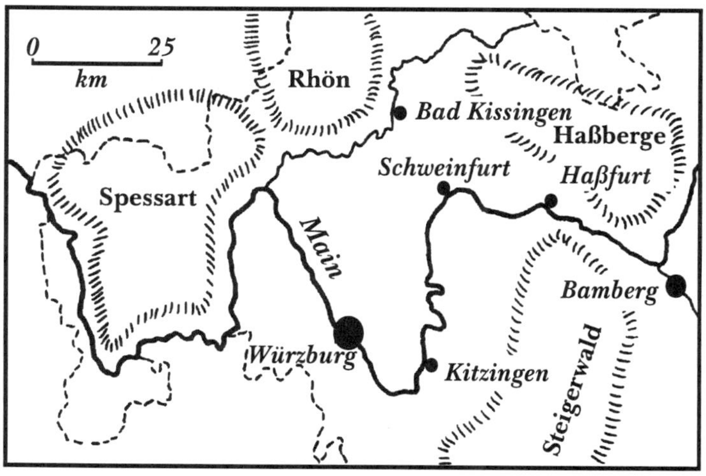

① Suche in deinem Atlas eine geeignete Karte.

② Übertrage die Farben auf die Karte links.

③ Informiere dich über Niederschläge und Sonnenscheindauer in diesem Gebiet.

④ Informiere dich, was in diesem Gebiet hauptsächlich angebaut wird.

⑤ Gehe in einen Lebensmittelladen und sieh dich nach Frankenwein um.

⑥ Was fällt dir an der Flaschenform auf?

⑦ Notiere, woher der Frankenwein genau kommt und suche die Orte auf einer Karte.

____

____

____

____

____

____

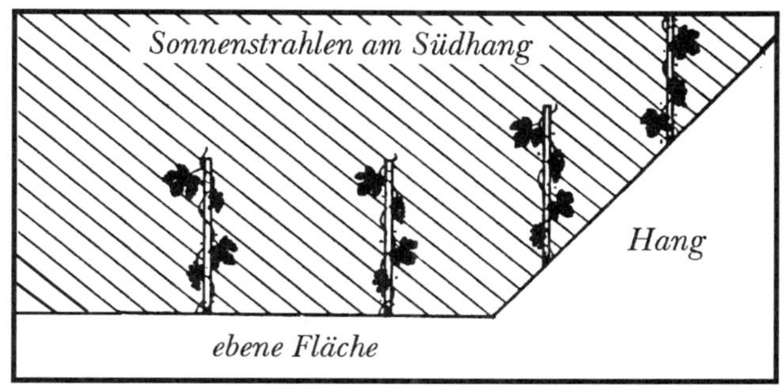

Die Weinrebe braucht trockenes, warmes Klima.

Der Weinbau ist besonders ____________ . 6- bis 8-mal so viel Arbeit wie der Weizenanbau. Es gibt hier überwiegend ____________ mit 1 ha Rebland. Von einem Hektar gewinnt man bis zu ________ Liter Wein. Zur Kelterung, Lagerung und Vermarktung des Weines haben sich die Winzer zu ____________ zusammengeschlossen. In ____________ gelangen die Frankenweine zum Verkauf.

Auf weniger günstig gelegenen Böden (Ost- und Westhänge, Talgründe) gedeiht ______ und wird ____________ betrieben.

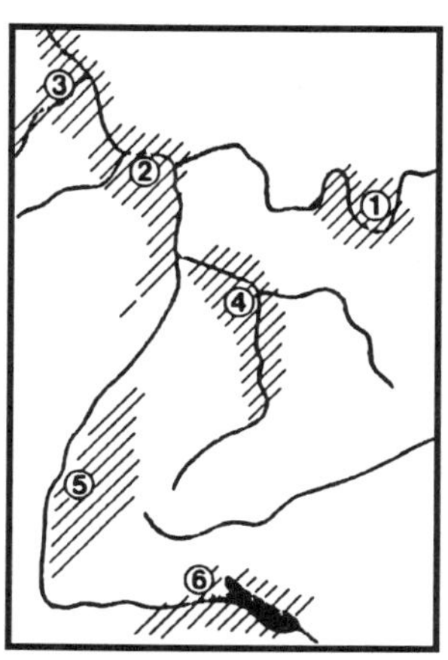

① ____________

② ____________

③ ____________

④ ____________

⑤ ____________

⑥ ____________

Arbeiten des Winzers:
Beschneiden und Aufbinden der Reben
Boden lockern und düngen
Schädlingsbekämpfung
Ernten der Trauben
Trauben pressen und keltern
Lagern in Fässern
Abfüllen auf Flaschen
Verkaufen

GSE

Weinbau in Franken

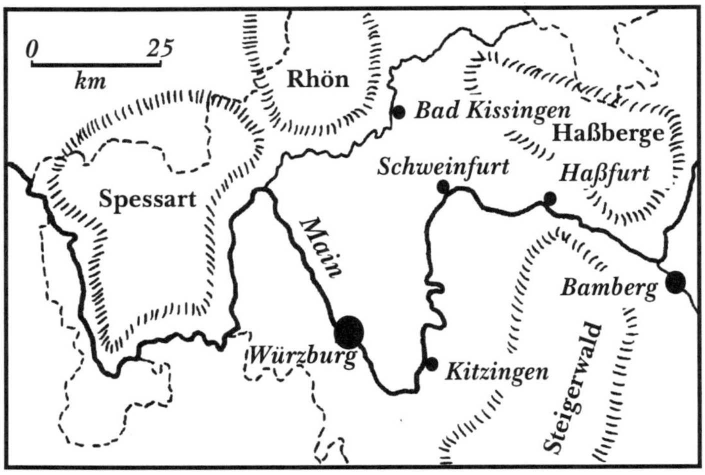

1. Suche in deinem Atlas eine geeignete Karte.
2. Übertrage die Farben auf die Karte links.
3. Informiere dich über Niederschläge und Sonnenscheindauer in diesem Gebiet.
4. Informiere dich, was in diesem Gebiet hauptsächlich angebaut wird.
5. Gehe in einen Lebensmittelladen und sieh dich nach Frankenwein um.
6. Was fällt dir an der Flaschenform auf?
7. Notiere, woher der Frankenwein genau kommt und suche die Orte auf einer Karte.

Mainfranken liegt besonders geschützt durch Frankenhöhe, Steigerwald, Haßberge, Rhön, Spessart und Odenwald. Geringe Niederschläge, viel Sonne und Wärmestau in den Tälern ermöglichen an den Süd- und Südwesthängen den Weinbau.

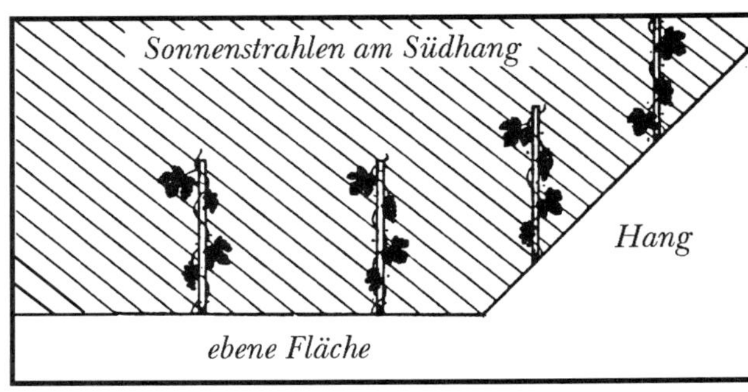

Die Weinrebe braucht trockenes, warmes Klima.

Der Weinbau ist besonders ***arbeitsaufwendig***: 6- bis 8-mal so viel Arbeit wie der Weizenanbau. Es gibt hier überwiegend ***Familienbetriebe*** mit 1 ha Rebland. Von einem Hektar gewinnt man bis zu ***10 000*** Liter Wein. Zur Kelterung, Lagerung und Vermarktung des Weines haben sich die Winzer zu ***Genossenschaften*** zusammengeschlossen. In ***Bocksbeuteln*** gelangen die Frankenweine zum Verkauf.

Auf weniger günstig gelegenen Böden (Ost- und Westhänge, Talgründe) gedeiht ***Obst*** und wird ***Ackerbau*** betrieben.

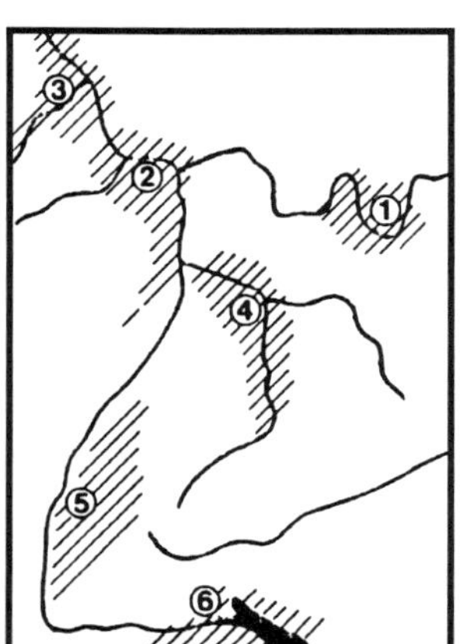

1. ***Franken***
2. ***Rhein***
3. ***Mosel***
4. ***Württemberg***
5. ***Baden***
6. ***Bodensee***

Arbeiten des Winzers:
Beschneiden und Aufbinden der Reben
Boden lockern und düngen
Schädlingsbekämpfung
Ernten der Trauben
Trauben pressen und keltern
Lagern in Fässern
Abfüllen auf Flaschen
Verkaufen

Bayern: Wirtschaftsräume / eine Region in Deutschland und Europa

- ❍ industrielle Produktionsschwerpunkte
- ❍ Raumbeispiel: die Alpen
- ❍ Bayern - ein Land in Deutschland

① **Industrielle Produktionsschwerpunkte in Bayern** Kennenlernen und räumlich Zuordnen Vertiefende Kartenarbeit zum Thema 'Industrie'	AB (S. 90)
② **Industrie des Heimatraumes** Fragebogen zur Erkundung eines Industriebetriebes Erkennen der Bedeutung natürlicher und vom Menschen geschaffener Voraussetzungen	AB (S. 91/92)
③ **Die Alpen** Geographische Lage erarbeiten Kennenlernen der Dreiteilung, dazu jeweils höchste Berge Unterschiede und Gemeinsamkeiten der Bereiche erarbeiten Wachstumszonen der Alpen kennen lernen	AB (S. 93) ✎ *Lösung S.94*
④ **Die Alpen - von der landwirtschaftlichen Nutzung zum Fremdenverkehr** Überlegen: Wie lebten die Menschen früher / Wie leben sie heute? Gründe sammeln: Warum kommen so viele Menschen hierher? Diskussion: Vorteile und Nachteile des Tourismus	AB (S. 95)
⑤ **Die Alpen - Sport und Erholung** Klettern und Wandern/ Wintersport in den Alpen	AB (S. 96)
⑥ **Garmisch-Partenkirchen** Der Wintersportort unter der Zugspitze	AB (S. 97/98)
⑦ **Bayern - ein Land in Deutschland und Europa: Bundesländer und Nachbarstaaten** Arbeit mit Karte/Atlas: räumliche Definition 'Deutschland' Horizontale und vertikale Ausdehnung erarbeiten Bundesländer und Nachbarstaaten kennen	AB (S. 99) ✎ *Lösung S.100*
⑧ **Bundesländerpuzzle** Arbeit mit Puzzle: Sicherung Lage der einzelnen Bundesländer Nach dem Zusammenkleben Puzzle entsprechend beschriften	AB (S. 101)
⑨ **Bayern - ein Land in Deutschland** Daten zu den einzelnen Bundesländern bzw. Regierungsbezirken Ordnen und Darstellen der Zahlen Vergleiche anstellen	AB (S. 102)
⑩ **Spiel: Kennst du dich aus in Bayern?** Wiederholung und Festigung des gewonnenen Wissens; dabei auch Arbeit mit Karte/Atlas	Spielplan S. 103 Fragen/Antworten S. 104

GSE

Bayern

industrielle Produktionsschwerpunkte

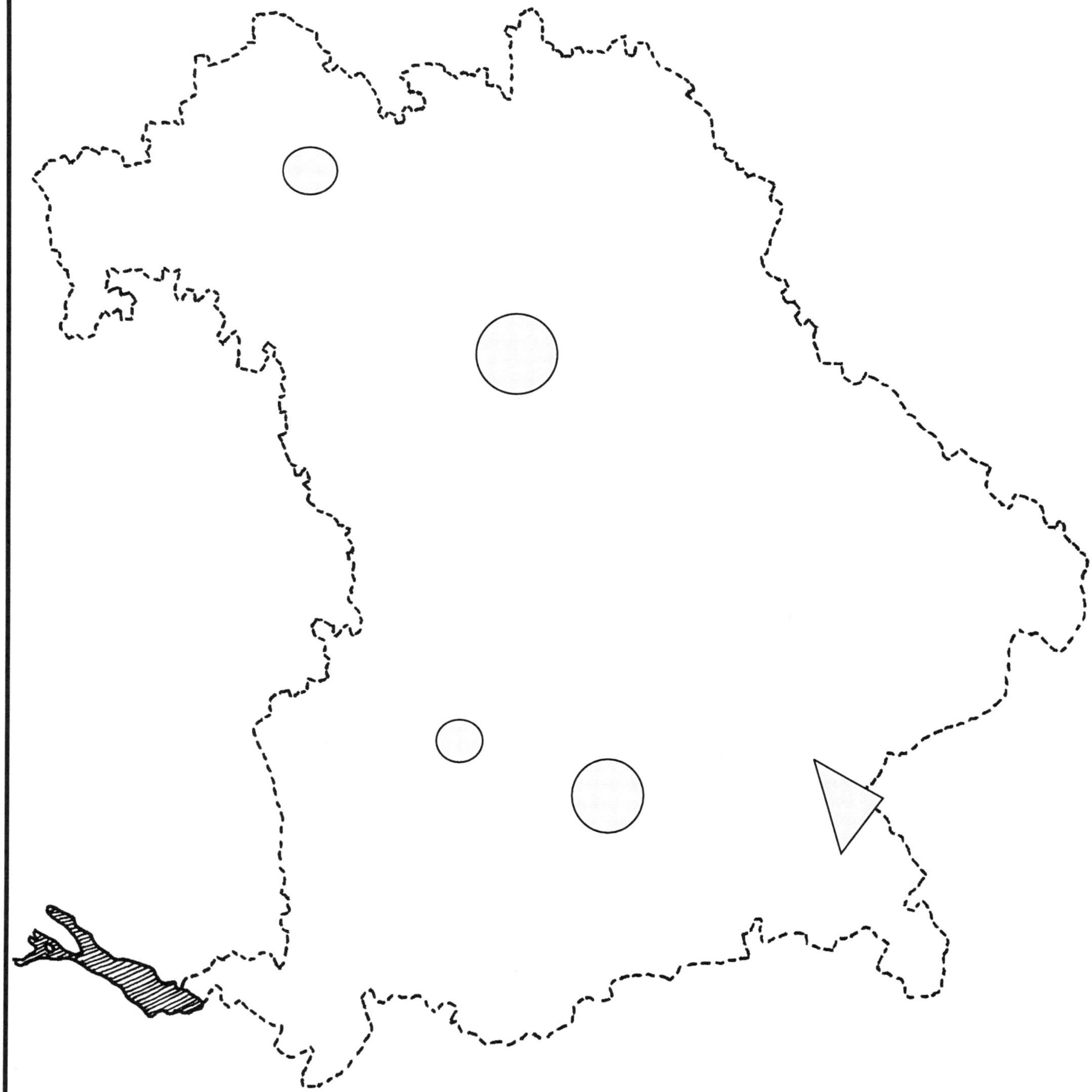

① Auf dieser Karte siehst du die industriellen Produktionsschwerpunkte Bayerns, nämlich Augsburg, Burghausen, Erlangen, München, Nürnberg und Schweinfurt. Benütze eine geeignete Bayern-Karte, um diese Orte richtig zuzuordnen.

② Informiere dich, welche Industrien es dort jeweils gibt.

③ Welche kleineren Industriestandorte in Bayern kennst du sonst noch?

GSE

Industrie des Heimatraumes

① Lies im Lexikon über die Bedeutung der Wörter 'Industrie' und 'Fabrik' nach.

② Welche Handwerks- und Industriebetriebe deiner engeren Heimat kennst du?

____

____

____

Erkundung eines Industriebetriebes

☞ Name des Betriebes: ______________________________

☞ Lage/Ort: ______________________________

____

☞ Wann wurde der Betrieb gegründet? ______________________________

☞ Warum gerade hier? ______________________________

____

____

☞ Gesamtzahl der Beschäftigten:

Arbeiter: ________ Angestellte: ________ Ausländer: ________

Frauen: ________ Männer: ________

☞ Woher kommen die meisten Beschäftigten? ______________________________

____

____

☞ Welche Produkte stellt der Betrieb her? ______________________________

____

____

☞ Welche Rohstoffe werden benötigt? ______________________________

____

____

GSE

Industrie des Heimatraumes

Erkundung eines Industriebetriebes

☞ Woher kommen die Rohstoffe? ______

☞ Wie werden sie angeliefert? ______

☞ Woher bezieht das Unternehmen die notwendige Energie? ______

☞ Woher stammen die im Betrieb aufgestellten Maschinen? ______

☞ Wie ist der Betrieb an das Verkehrsnetz angebunden? ______

☞ Wie werden die erzeugten Güter abtransportiert? ______

☞ Wo liegen die wichtigsten Absatzgebiete des Betriebes? ______

☞ Welche Umweltbelastung bringt der Betrieb mit sich? ______

☞ Welche Maßnahmen des Betriebes dienen dem Umweltschutz? ______

GSE

Die Alpen

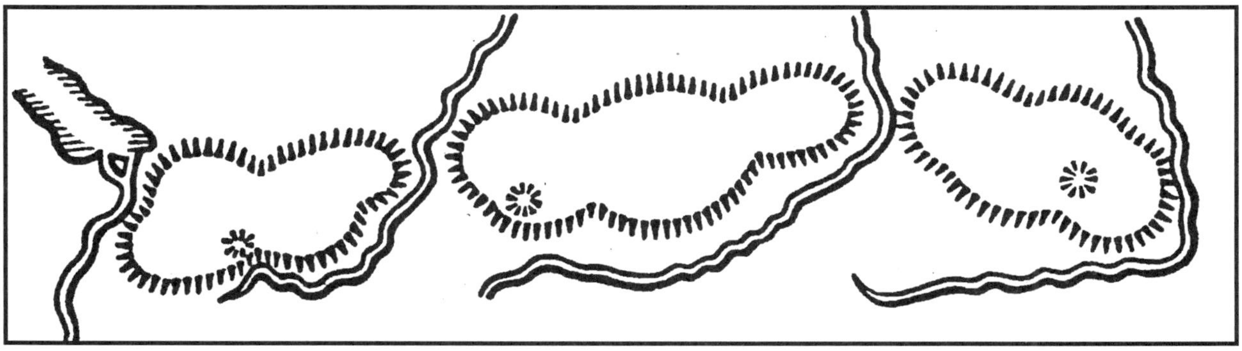

Die Alpen sind das größte und höchste Gebirge Europas. Der deutsche Anteil daran ist allerdings verhältnismäßig klein.

Die Dreiteilung des deutschen Alpengebietes

☞ Zwischen ____________________

mit der ____________ (2 640 m) als höchste Erhebung

☞ Zwischen ____________________

mit der ________ (2 963 m)

☞ Zwischen ____________________

mit dem ___________ (2 710 m).

Aber nicht nur räumlich unterscheiden sich diese drei Hauptteile der deutschen Alpen voneinander. Bis auf wenige hohe und steile Gipfel sind die Allgäuer Alpen meist niedriger und steigen flacher an. Häufiger Regen sorgt für üppigen Graswuchs. Der Bauer im Allgäu nützt ihn auf den zahlreichen ___________. Dagegen bedecken die unteren Hänge der Bayerischen Alpen ausgedehnte Wälder. Begreiflich, dass dort die ____________ eine wichtige Rolle spielt. Weiden und Wald sind auch in den Salzburger Alpen (man nennt sie oft auch Berchtesgadener Alpen) zu finden, doch sind hier die Kalkfelsen sehr wasserarm und größtenteils ohne nutzbringendes Wachstum. Dafür schenkt das Gebirge hier seinen Bewohnern manchen Reichtum aus der Tiefe, besonders das seit vielen Jahrhunderten bergmännisch gewonnene ______ .
Alle drei Alpenlandschaften aber haben noch eine sehr gute Erwerbsquelle gemeinsam, den __________ ________ , der zu allen Jahreszeiten viele Gäste in jedes Dorf und fast auf jeden Hof bringt.

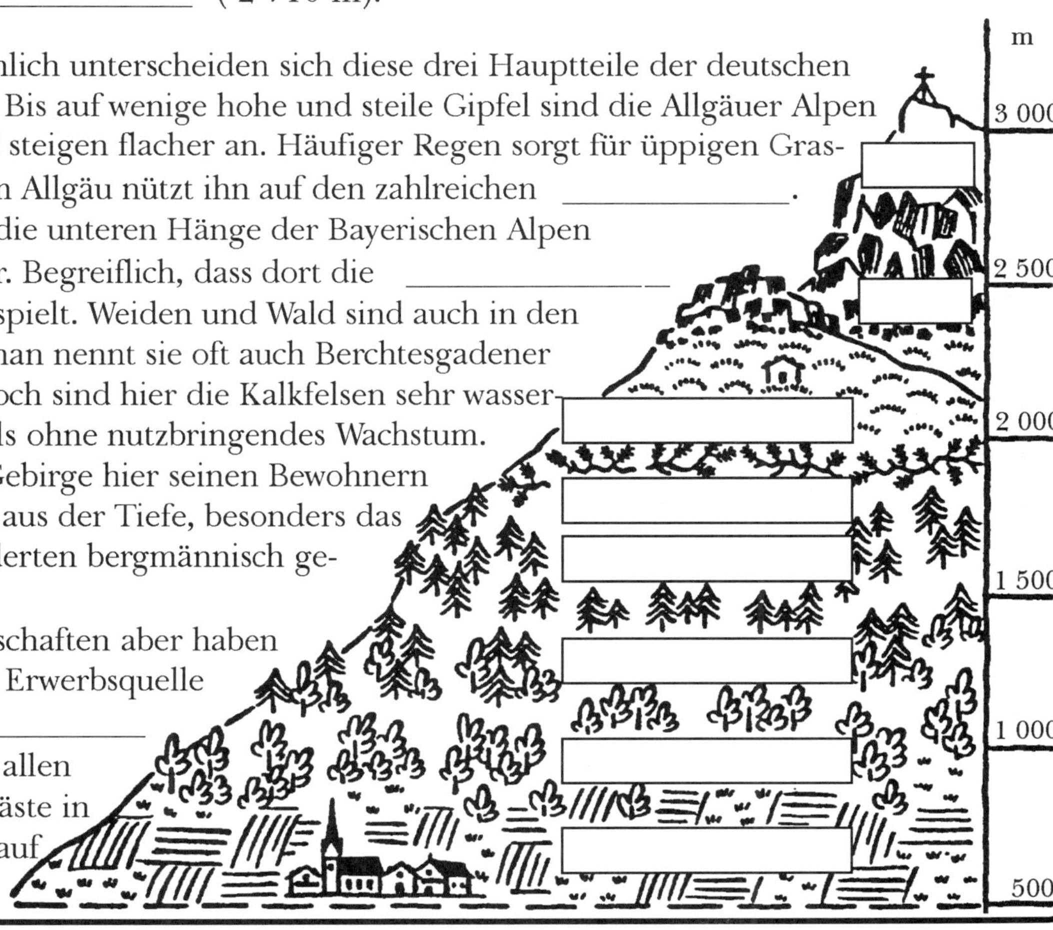

GSE

Die Alpen

Die Alpen sind das größte und höchste Gebirge Europas. Der deutsche Anteil daran ist allerdings verhältnismäßig klein.

Die Dreiteilung des deutschen Alpengebietes

☞ Zwischen ***Bodensee und Lech die Allgäuer Alpen***

mit der ***Mädelegabel*** (2 640 m) als höchste Erhebung

☞ Zwischen ***Lech und Inn die Bayerischen Alpen***

mit der ***Zugspitze*** (2 963 m)

☞ Zwischen ***Inn und Salzach die Salzburger Alpen***

mit dem ***Watzmann*** (2 710 m).

Aber nicht nur räumlich unterscheiden sich diese drei Hauptteile der deutschen Alpen voneinander. Bis auf wenige hohe und steile Gipfel sind die Allgäuer Alpen meist niedriger und steigen flacher an. Häufiger Regen sorgt für üppigen Graswuchs. Der Bauer im Allgäu nützt ihn auf den zahlreichen ***Viehweiden*** . Dagegen bedecken die unteren Hänge der Bayerischen Alpen ausgedehnte Wälder. Begreiflich, dass dort die ***Waldwirtschaft*** eine wichtige Rolle spielt. Weiden und Wald sind auch in den Salzburger Alpen (man nennt sie oft auch Berchtesgadener Alpen) zu finden, doch sind hier die Kalkfelsen sehr wasserarm und größtenteils ohne nutzbringendes Wachstum. Dafür schenkt das Gebirge hier seinen Bewohnern manchen Reichtum aus der Tiefe, besonders das seit vielen Jahrhunderten bergmännisch gewonnene ***Salz*** .

Alle drei Alpenlandschaften aber haben noch eine sehr gute Erwerbsquelle gemeinsam, den ***Fremdenverkehr*** , der zu allen Jahreszeiten viele Gäste in jedes Dorf und fast auf jeden Hof bringt.

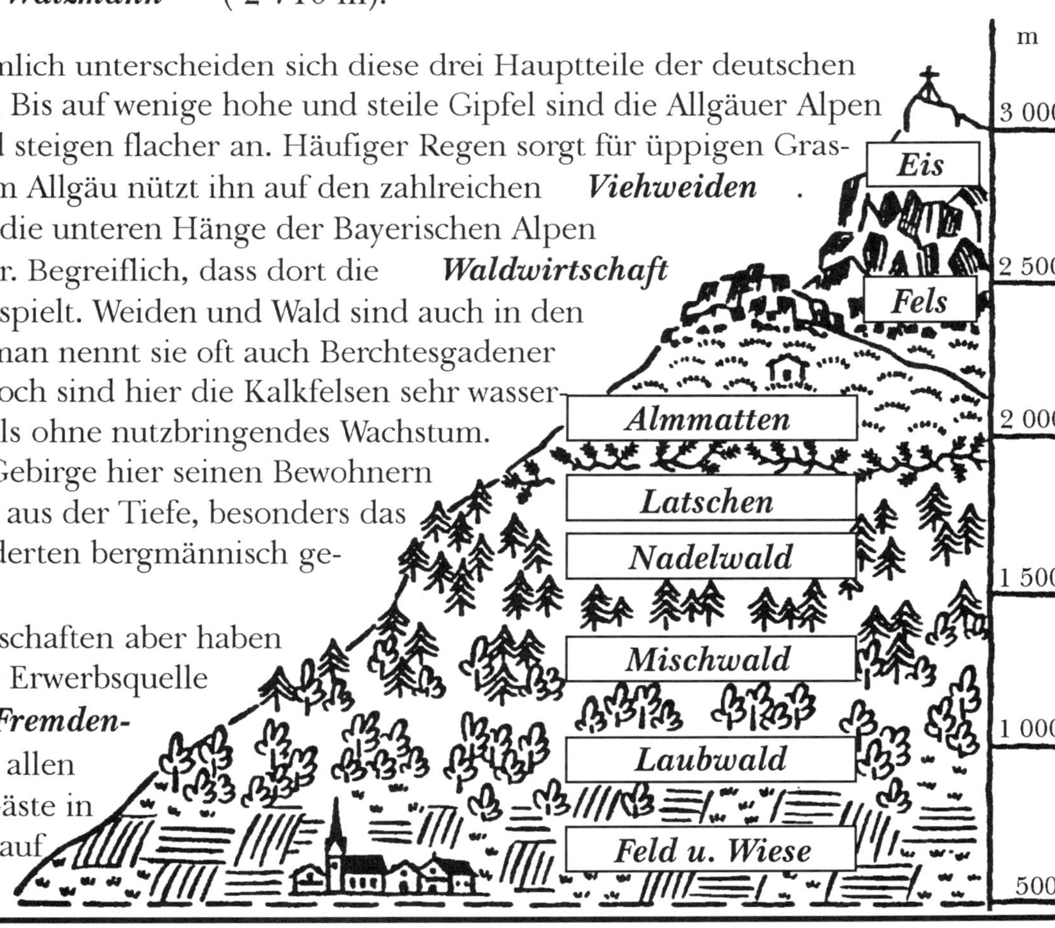

Die Alpen
- von der landwirtschaftlichen Nutzung zum Fremdenverkehr

Früher waren die Alpen ein Gebiet mit rein landwirtschaftlicher Nutzung - heute lebt ein großer Teil der Bevölkerung vom Fremdenverkehr.
Überlegt euch gemeinsam:
Wie lebten die Menschen früher in diesem Gebiet? Wie leben sie hier heute?

Von allen deutschen Bundesländern hat Bayern die meisten Gästeübernachtungen. Von den sieben Regierungsbezirken Bayerns ist Oberbayern das bevorzugte Ziel.
Aus welchen Gründen kommen so viele Menschen in die Alpen?
Stellt zusammen eine Liste auf!

Die Umstellung auf den Fremdenverkehr hat Folgen:

Welche Vorteile für die Menschen des Alpengebietes bringt der Tourismus?
Welche Nachteile können entstehen?

Teilt euch in zwei Gruppen. Eine Gruppe stellt sich vor, sie würde in einem Fremdenverkehrsbüro (z.B. in Garmisch-Partenkirchen) arbeiten, die andere Gruppe stellt sich vor, sie hätte einen alten Bauerhof am Ortsrand. Sammelt zuerst in der Gruppe Argumente für oder gegen Landwirtschaft bzw. Tourismus. Bestimmt dann eine Schülerin oder einen Schüler, der die folgende Diskussion leiten soll. Tragt nun abwechselnd eure Argumente vor. Achtet darauf, sachlich zu bleiben. Welche Gruppe hat die besseren Argumente? Lassen sich Kompromisse finden?

GSE

Die Alpen
- Sport und Erholung

Klettern und Wandern

Schon vor tausenden von Jahren überquerten Völkerscharen die Alpen. Aber die Bergriesen, abseits der Pässe, wurden gemieden. Die Menschen damals glaubten, dass dort Götter wohnen, die ihnen nicht wohlgesonnen seien. Erst vor etwa 200 Jahren begannen die ersten mutigen Bergsteiger, die Gipfel der Alpen zu besteigen. 1786 wurde der Montblanc bezwungen. In den nächsten Jahren folgten Großglockner und Ortler. Zwischen 1820 und 1865 wurden die Zugspitze, Dachstein, Großvenediger und Matterhorn erstmals bestiegen.
Heute bringen moderne Bergbahnen täglich tausende von Wanderern und Besuchern auf die Gipfel vieler Berge. Sie finden ein ausgezeichnetes Netz von Wanderwegen und Hütten. Klettern und noch mehr Wandern, neuerdings auch Mountainbiking sind heute zu einem beliebten Volkssport geworden.

Wintersport in den Alpen

Die beliebtesten Wintersportorte Europas finden wir in den Alpen. Das kalte und niederschlagreiche Klima hält in den höheren Regionen den Schnee bis weit in das Frühjahr, ja in den Sommer zurück. Moderne Schneekanonen sorgen auch dann für Schnee, wenn die natürlichen Niederschläge ausbleiben. Da weite Gebiete oberhalb der Baumgrenze liegen, gestatten sie vorzügliche Skiabfahrten, besonders dann, wenn Bergbahnen und Skilifte einen schnellen Aufstieg ermöglichen. Die reine Luft, die kräftige Sonneneinstrahlung an klaren Wintertagen und ihre Rückstrahlung durch den Schnee wirken gesundheitsfördernd. So tummeln sich nicht nur Hunderttausende von Skiläufern und Snowboardfahrern in den Bergen, sondern wir begegnen auch vielen Freunden der Bergwelt, die auf den Terrassen der Berggasthäuser in der Sonne liegen oder spazieren gehen. In den Wintersportorten wuchsen Gasthäuser, Pensionen und Hotels aus dem Boden, Hochalmen wurden zu Unterkünften umgebaut, Geschäfte und Cafés erstellt. Das Straßennetz musste verbessert, Parkplätze angelegt werden. Bergbahnen, Schlepp- und Sessellifte mussten gebaut werden. Skischulen kümmern sich um die Anfänger, Wegweiser helfen den Skiwanderern und Pistenfahrern. Skischanzen, Bobbahnen und Eisstadien bilden weitere Anziehungspunkte. So prägt der Wintersport in starkem Umfang das Leben der einst stillen Gebirgsorte. Er bringt Verdienstmöglichkeiten und verhindert den Rückgang der Einwohnerzahlen. Der natürliche Freizeitwert der Alpen wurde durch den Bau von Erholungseinrichtungen erhöht; so entstanden ausgedehnte Fremdenverkehrsgebiete.

① Welche Gründe könnten die Menschen früher gehabt haben, sich nicht für die Berge zu interessieren?

② Welche Sportarten lassen sich in den Bergen betreiben?

③ Informiert euch in einem Reisebüro über die Angebote für den deutschen Alpenraum.

④ Diskutiert: Welche Vorteile, aber auch Nachteile entstehen durch den Sport in den Bergen?

GSE

Garmisch-Partenkirchen

- der Olympiaort unter der Zugspitze

Wenn auch Kurgäste schon im 16. Jahrhundert das Tal besuchten, setzte die Entwicklung des Fremdenverkehrs erst ab 1889 mit dem Eisenbahnanschluss ein, der Garmisch nun mit Murnau und München verband. Während zwischen 1624 und 1875 Bevölkerungszunahmen kaum bemerkbar waren, setzte gegen Ende des 19. Jahrhunderts ein starker Wachstumsprozess ein. Für die Winterolympiade 1936 bekamen die bis dahin eigenständigen Gemeinden Garmisch und Partenkirchen eine gemeinsame Verwaltung. Infolge der jetzt internationalen Bekanntheit konnte sich der Fremdenverkehr zum bedeutendsten Wirtschaftsfaktor der Region entwickeln. 1875 lag die Einwohnerzahl noch unter 3 000, heute sind es etwa 27 000 Einwohner in Garmisch-Partenkirchen und etwa 85 000 im gesamten Landkreis. Betrachtet man heute die Talweitung von einem der umliegenden Berge, wird deutlich, dass die Siedlungsfläche unter keinen Umständen weiter wachsen darf. Dem beliebten Ferienort droht eine fortschreitende Verstädterung, wenn die zunehmende Verbauung nicht energisch gestoppt wird.

Im Jahre 1883 kamen 5 000 Gäste, im Jahre 1913 schon 71 000 und 1938, also kurz nach der Olympiade, waren es 177 000. 1954 verzeichnete man 162 713 Gäste mit 790 551 Übernachtungen und 1997 waren es 272 417 Gäste mit 1 298 100 Übernachtungen.

① Vergleiche die Bevölkerungszahlen Garmisch-Partenkirchens von heute und vor ca. 100 Jahren!

② Nenne die beiden wichtigen Ereignisse, die den Fremdenverkehr nachhaltig anwachsen ließen.

③ Stellt aus den vorliegenden Zahlen eine Tabelle zusammen, aus der das Anwachsen der Gäste ersichtlich wird.

④ Was versteht man unter dem Begriff 'Verstädterung'?

GSE		

Garmisch-Partenkirchen

- der Olympiaort unter der Zugspitze

Mit diesem Text beginnt ein Werbeprospekt für Garmisch-Partenkirchen:

Frohe Ferien im Werdenfelser Land

Olympiaort und Wintersport-Metropole, Tagungsort und Ausflugszentrum, umrahmt von der Zugspitze, der Alpspitze, den Waxensteinen und dem Wank, lebhaft und modern, aber auch mit Zentren der Ruhe verhaftet; dies alles und mehr ist Garmisch-Partenkirchen im oberbayerischen Werdenfelser Land. Ein Ort, in dem man eine vollständige Kur absolvieren, in dem man aber auch einfach einen faulen Urlaub machen kann; ein Ort, in dem es Luxushotels und einfache andere gibt, in dem aber auch Hunderte von blitzsauberen und preiswerten Privatzimmern auf ihre Gäste warten. Ein Ort, von dessen Boutiquen man zum Einkaufen und von dessen Nachtleben man zum Ausgehen verführt wird wie in der Großstadt, in dem aber auch die Trachtenvereine und das Bauern-Theater, Frömmigkeit und Brauchtum noch ihren festen Platz haben. Das ist Garmisch-Partenkirchen.

Deutschlands Eissport-Zentrum

Deutschlands Wintersport-Metropole

... der Gesundheit zuliebe - Bergwandern und Klettern

Kuren - der Gesundheit zuliebe

Naturzauber und Bergparadiese

Der heilklimatische Kurort

Internationale Alpenmetropole

Fitness - Wellness - Action

① Entwirf ein Poster für Garmisch-Partenkirchen!

② Suche Garmisch-Partenkirchen in deinem Atlas. Was kannst du über die Umgebung sagen?

③ Welche anderen Ferienorte in den Alpen kennst du?

Wenn du mehr über Garmisch-Partenkirchen wissen willst, hier ist die Adresse:

Kurverwaltung Garmisch-Partenkirchen, Postfach 1562, 82455 Garmisch-Partenkirchen

GSE

Bayern - ein Land in Deutschland und Europa
Bundesländer und Nachbarstaaten

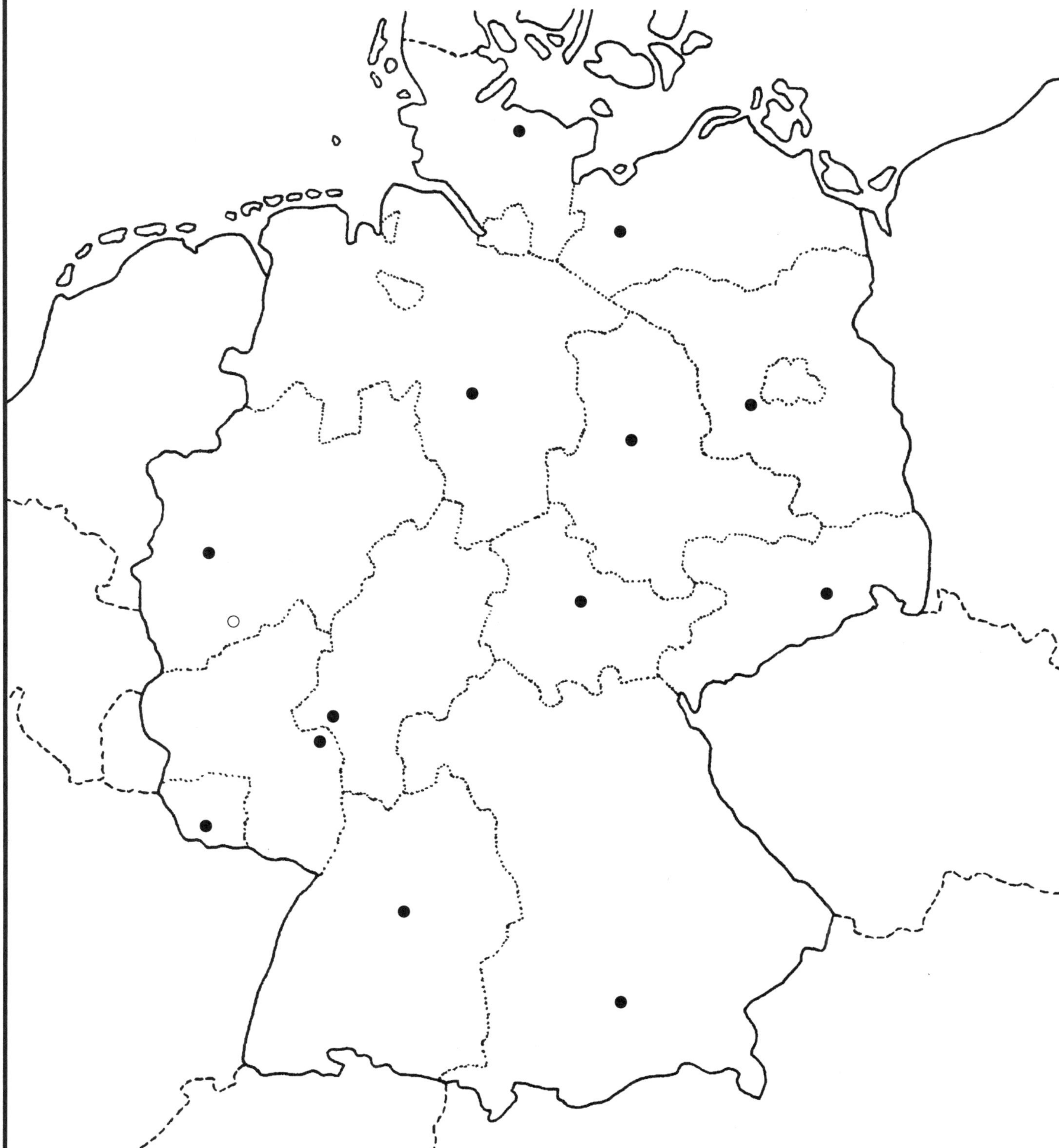

Größte West-Ost-Ausdehnung: Von Aachen nach Görlitz:

Größte Nord-Süd-Ausdehnung: Von Flensburg nach Garmisch-Partenkirchen:

GSE

Bayern - ein Land in Deutschland und Europa
Bundesländer und Nachbarstaaten

Größte West-Ost-Ausdehnung: Von Aachen nach Görlitz:

Größte Nord-Süd-Ausdehnung: Von Flensburg nach Garmisch-Partenkirchen:

GSE

Bayern - ein Land in Deutschland
Bundesländerpuzzle

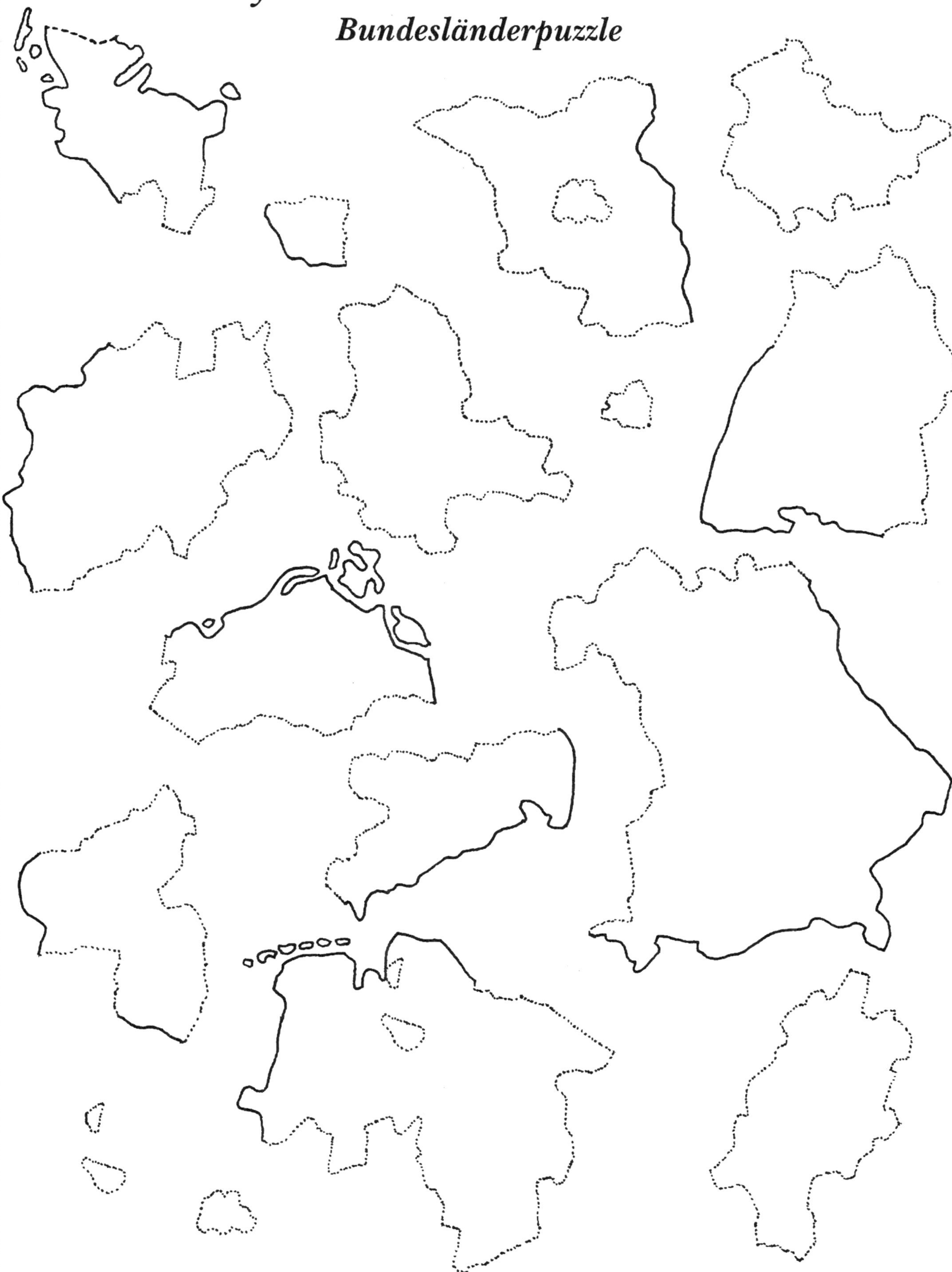

GSE

Bayern - ein Land in Deutschland

Bundesland	km^2	Einwohner	Hauptstadt
Baden-Württemberg	35 751	10 234 000	Stuttgart
Bayern	70 547	11 863 000	München
Berlin	889	3 475 000	Berlin
Brandenburg	29 481	2 538 000	Potsdam
Bremen	404	683 000	Bremen
Hamburg	755	1 703 000	Hamburg
Hessen	21 114	5 967 000	Wiesbaden
Mecklenburg-Vorpommern	23 169	1 843 000	Schwerin
Niedersachsen	47 605	7 648 000	Hannover
Nordrhein-Westfalen	34 071	17 759 000	Düsseldorf
Rheinland-Pfalz	19 845	3 926 000	Mainz
Saarland	2 570	1 085 000	Saarbrücken
Sachsen	18 408	4 608 000	Dresden
Sachsen-Anhalt	20 445	2 778 000	Magdeburg
Schleswig-Holstein	15 738	2 695 000	Kiel
Thüringen	16 175	2 533 000	Erfurt

Regierungsbezirk	km^2	Einwohner	Hauptstadt
Oberbayern	17 529	3 992 000	München
Niederbayern	10 330	1 152 000	Landshut
Oberpfalz	9 691	1 060 000	Regensburg
Oberfranken	7 230	1 114 000	Bayreuth
Mittelfranken	7 246	1 675 000	Ansbach
Unterfranken	8 532	1 324 000	Würzburg
Schwaben	9 994	1 730 000	Augsburg

① Ordne die Bundesländer a) nach der Größe der Flächen
b) nach der Größe der Einwohnerzahl.

② Wie heißen die drei flächengrößten Bundesländer?

③ In welchen Bundesländern leben die meisten Menschen?

④ Zeichne für die Flächengrößen und die Einwohnerzahlen jeweils ein Säulendiagramm. Wähle dazu eine geeignete Einheit.

⑤ Vergleiche die Diagramme der Bundesländer und der bayerischen Regierungsbezirke.

⑥ Welche Bundesländer sind kleiner als der Regierungsbezirk, in dem du lebst?

⑦ Welche Bundesländer haben weniger Einwohner als der Regierungsbezirk Oberbayern?

⑧ In der bayerischen Landeshauptstadt München lebten am 1. Januar 1997 1 225 809 Menschen. Vergleiche mit den kleineren Bundesländern.

GSE

Kennst du dich aus in Bayern?

Für dieses Spiel brauchst du diesen Spielplan, einen Würfel, Spielfiguren und vielleicht einen Atlas. Bestimmt vor dem Spiel einen Spielleiter, der die Fragen stellt und die Punkte der Mitspieler notiert.

Gestartet wird in der Landeshauptstadt München. Wer die höchste Punktzahl würfelt, beginnt. Gespielt wird im Uhrzeigersinn. Sieger ist, wer als erster das Ziel erreicht.

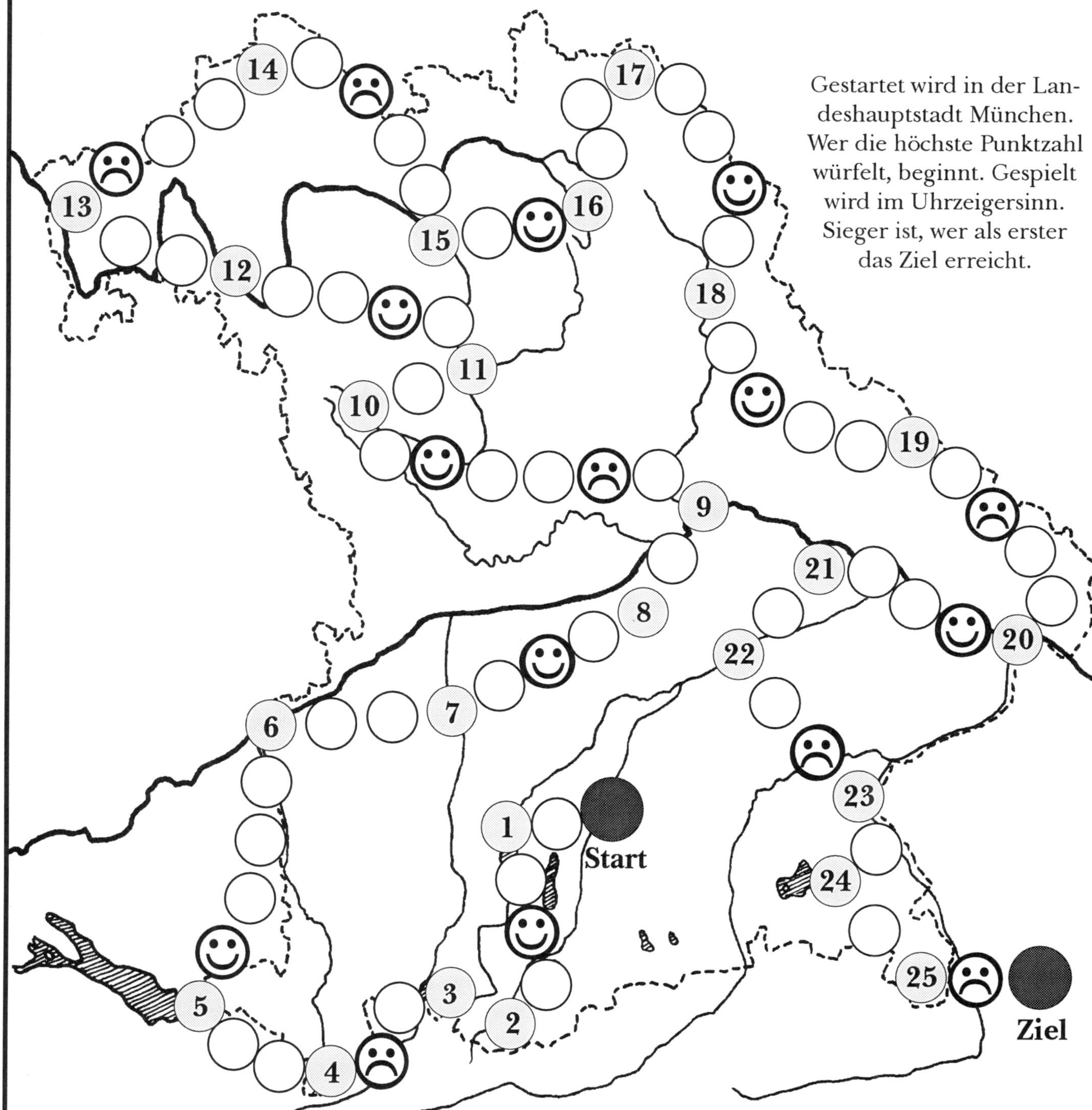

3 Fragepunkt: Wenn du die Frage richtig beantworten kannst, erhältst du einen Punkt, wenn nicht, musst du einmal aussetzen.

☹ Zurück zum letzten Fragepunkt!

☺ Vor zum nächsten Fragepunkt!

GSE

Kennst du dich aus in Bayern?

1.	See, aus dem die Amper kommt?	***Ammersee***
2.	Höchster Berg Deutschlands?	***Zugspitze***
3.	Hier steht das große Märchenschloss Ludwigs II.	***Neuschwanstein***
4.	Höchster Berg der Allgäuer Alpen?	***Mädelegabel***
5.	Dreiländersee?	***Bodensee***
6.	Grenzstadt an der Donau zu Baden-Württemberg?	***Ulm***
7.	Fuggerstadt am Lech?	***Augsburg***
8.	Größtes deutsches Hopfenanbaugebiet?	***Hallertau***
9.	Diese Stadt hieß bei den Römern castra regina.	***Regensburg***
10.	Hauptstadt des Regierungsbezirks Mittelfranken?	***Ansbach***
11.	Von hier kommen die berühmten Lebkuchen.	***Nürnberg***
12.	Zentrum des mainfränkischen Weinbaus?	***Würzburg***
13.	Westlichste Stadt Bayerns?	***Aschaffenburg***
14.	Nördlichstes Gebirge Bayerns?	***Rhön***
15.	Hier steht ein berühmter mittelalterlicher Dom.	***Bamberg***
16.	Hier finden alljährlich die Wagnerfestspiele statt.	***Bayreuth***
17.	Nördlichste Stadt Bayerns?	***Hof***
18.	Diese Stadt ist für ihre Porzellan- und Glasindustrie bekannt.	***Weiden***
19.	Höchster Berg des Bayerischen Waldes?	***Großer Arber***
20.	Dreiflüssestadt?	***Passau***
21.	Die Kornkammer Bayerns.	***Gäuboden***
22.	Hauptstadt des Regierungsbezirks Niederbayern?	***Landshut***
23.	Hier steht die größte Burg Bayerns.	***Burghausen***
24.	Man nennt es auch das 'Bayerische Meer'?	***Chiemsee***
25.	See mit berühmtem Echo?	***Königssee***

Hier knicken!

Freizeit

- Das eigene Freizeitverhalten überdenken und reflektieren
- Grenzen des Freizeitverhaltens erkennen
- Das Freizeitverhalten in früheren Zeiten kennen lernen

❶ **Meine Freizeit** Die eigenen Freizeitbeschäftigungen darstellen EA:Arbeitsblatt ausfüllen / PA:Erfahrungen austauschen		AB (S. 106)
❷ **Zeit - Träume** UG: Gedanken sammmeln zu der Fragestellung: Was wäre, wenn ich über meine Zeit frei verfügen könnte ? Zeichnung zu der Fragestellung UG: Reflexion der unterschiedlichen Ideen		AB (S. 107)
❸ **Traumreise** In der Klasse gemeinsam, mit Musik, im Sitzkreis, vorlesen		AB (S. 108)
❹ **Meine Clique** AB lesen, in EA oder PA bearbeiten UG: Die Situationen mit dem eigenen Alltag, mit den eigenen Wünschen vergleichen Eigenen Text über die persönliche Einstellung erstellen		AB (S. 109)
❺ **Unsere Gemeinde** UG: In der Klasse besprechen, welche Möglichkeiten der Freizeitgestaltung in der eigenen Gemeinde zu finden sind, Brainstorming in der Klasse / UG: Überlegung, was möglich ist		AB (S. 110/111)
❻ **Hobbys und ihre Grenzen** AB lesen und bearbeiten UG: In der Klasse die Ergebnisse besprechen, Ergebnisse auf einem Plakat festhalten		AB (S. 112)
❼ **Im alten Rom** Text aus einem Jugendbuch lesen, eventuell Ganzschrift anschließen		AB (S. 113/114)
❽ **Bei uns im alten Rom** Arbeit mit den Bildern, Bildinterpretation PA: Überlegen, welche Freizeitbeschäftigungen es damals gab		AB (S. 115)
❾ **Verändert das Fernsehen unsere Freizeit ?** GA: Austausch über die angesprochenen Sendungen		AB (S. 116)
❿ **Freizeit und Fernsehen** Eigene Erfahrungen aus Gesprächen einbringen Lückentext ausfüllen		AB (S. 117)
⓫ **Ein Filmkonzept entsteht** GA: Ein Filmkonzept entwerfen, dazu einen Cluster erstellen		AB (S. 118)

GSE

Meine Freizeit

Hier bist du gefragt:

1. Welcher dieser Freizeitbereiche hat für dich eine Bedeutung?

____

2. Zeichne in dem freien Rahmen deine vorwiegende Freizeitbeschäftigung.

3. Überlege:

Wie viel Zeit verbringst du damit? ______________________

Wie viel Taschengeld benötigst du dafür? ______________________

Was machst du allein / in der Gruppe? ______________________

Welche weiteren Freizeitbeschäftigungen fallen dir ein? ______________________

____

____

Zeit- Träume

Schreibe oder male deine Wünsche, deine Ideen, deine Träume auf. Stelle dir vor, du hast alle Zeit zur Verfügung, die du dir wünschst. Was würdest du damit anfangen, wie würdest du sie ausfüllen wollen? Gestalte diese Seite nach deinen Vorstellungen.

Traumreise

Du schließt die Augen und stellst dir vor, du stehst auf einer großen Wiese. Der Duft der Blumen steigt dir in die Nase. Du hörst die Bienen summen und die Grillen zirpen. Langsam gehst du mit vorsichtigen Schritten über die Wiese zu einem Baum. Der Baum spendet dir Schatten, es ist eine angenehme Kühle in seiner Nähe. Unter dem Baum hörst du Vogelgezwitscher. Du atmest tief ein und riechst die Rinde und den schweren Duft des Baumes. Langsam gehst du weiter und kommst in einen Wald. Hier sind die Farben gedämpfter. Du siehst zarte Farbtöne, abgeschwächt durch die dichten Äste und Blätter der Bäume. Hier gehst du auf dem weichen Moosboden, deine Schritte klingen gedämpft. Das Rauschen der Blätter klingt leise und du fühlst die kühlere Luft, die hier im Wald ist. Eine Lichtung ist inmitten des dichten Waldes. Hier scheint dir die Sonne warm ins Gesicht. Du spürst die Helle der Strahlen und lauschst dem Gebrumm der Insekten. Der Boden ist fest und steinig. Du hast das Bedürfnis, dich zu strecken, der Sonne entgegen. Nochmals atmest du ganz tief durch, spürst die frische, kühle Luft in deinen Lungen. Wieder streckst du dich, deine Gedanken kehren langsam zurück. Du öffnest deine Augen, ziehst deine Schultern auseinander und dehnst deine Beine. Wieder im Klassenzimmer angekommen, schaust du dich um und kehrst endgültig in deine Wirklichkeit zurück.

Meine Clique

In meiner Freizeit mache ich gern etwas mit meinen Freunden und Klassenkameraden. Ich gehe oft mit meinem besten Freund ins Kino. Manchmal treffen wir uns zu Hause und spielen Computer und Fußball. Fußball spiele ich auch im Verein. Wir sind ziemlich viele in der Mannschaft und obwohl der Kampf um die Stammplätze groß ist, verstehen wir uns prima. Wir haben eine tolle Gemeinschaft und unternehmen viel zusammen. Allerdings kann ich meine Probleme dort mit niemandem besprechen. Das kann ich noch am ehesten mit ein paar wenigen Freunden aus der Schule. Aber eigentlich löse ich Probleme meist alleine. Wenn ich mal nichts mit Freunden oder Bekannten unternehme, spiele ich meistens Computer oder sehe fern. Manchmal höre ich auch Radio oder Musik. Am Wochenende gehen wir meistens mit der Clique schwimmen.

Hannes, 13

In meiner Freizeit unternehme ich am liebsten etwas mit meinen Freundinnen. Dann bummeln wir, gehen ins Kino oder treffen uns einfach so. Manchmal lernen wir auch zusammen oder gehen auf Partys oder zu Mac Donald. Auf jeden Fall haben wir immer viel Spaß, weil wir zusammen lachen und ratschen können. Natürlich machen wir nicht jeden Nachmittag etwas zusammen. Meistens lese ich dann oder schaue fern. Das macht eigentlich auch Spaß, weil ich manchmal Zeit für mich alleine brauche. Abends lerne ich immer ca. eine Stunde. Ganz selten spiele ich mit meinem Bruder, weil wir uns nicht so gut vertragen. In der Zeit, die mir noch verbleibt, gehe ich Inlineskaten oder arbeite im Haushalt mit. Für manche Arbeiten bekomme ich Geld, davon kaufe ich mir meistens CDs.

Ina, 12

Ina und Hannes schildern ihre Freizeit. Suche heraus, womit sie ihre Freizeit hauptsächlich verbringen. Erstelle eine Tabelle:

Freizeit mit anderen	***Freizeit allein***

Welche Argumente findest du im Text, die für eine Gestaltung der Freizeit in der Gruppe bzw. alleine sprechen. Unterstreiche die Stellen im Text mit verschiedenen Farben.

Unsere Gemeinde

Wir wollen etwas über die Möglichkeiten der Freizeitgestaltung in unserer Gemeinde erfahren. Dazu befragen wir einen Experten, der in der Gemeinde beschäftigt ist und sich in diesem Bereich gut auskennt. Bevor wir ihn besuchen, bereiten wir uns auf die Befragung vor. Das geschieht in einzelnen Schritten:

1. Schritt: Wir sammeln Ideen !

Methode: Brainstorming

Jeder trägt seine Ideen vor, die ohne Kommentar im Raum stehen bleiben. So entsteht eine Sammlung von Ideen, die noch nicht geordnet sind, aber in der viele verschiedene Punkte enthalten sein können. Erst wenn keine neuen Einfälle mehr dazukommen, versucht man das Notierte zu ordnen und zu sortieren.

Abfrage: Was wissen wir bereits von den Freizeitmöglichkeiten in unserer Gemeinde?

Zum Beispiel: Spielplätze, Kino, Jugendheim, Rollerskatebahn, Sportplatz,...

2. Schritt: Wir ordnen die gesammelten Punkte nach Bereichen !

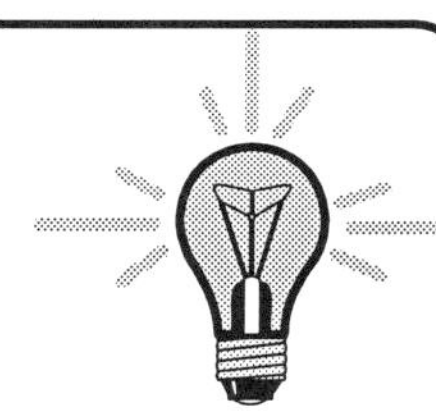

Zum Beispiel:

	Kinder	Jugendliche	Allgemein
oder:	Aktivitäten draußen		Aktivitäten drinnen
oder:	kostenlose Angebote		Eintritt oder Beitrag

Methode: Ergebnis ansprechend festhalten

Plakat, Informationsblatt, Wandzeitung, Folie, Hefteintrag

3. Schritt: Visionen sammeln

Methode: Zukunftswerkstatt

Wir sammeln Ideen, was wir gerne hätten. Das kann in Kleingruppen geschehen, in Partnerarbeit oder in der ganzen Klasse. Wichtig ist, dass Ideen eingebracht werden, die zunächst nicht auf ihre Umsetzbarkeit hin überprüft werden. Einfach nur Wünschvorstellungen sammeln.

Zum Beispiel: Wir hätten gerne eine Rollerskatebahn !
Wir hätten gerne eine Jugendfreizeitstätte !
Wir hätten gerne ein Jugendcafé !

4. Schritt: Visionen überprüfen

Hier überprüfen wir, welche Ideen umsetzbar sind. Wir überlegen uns die unterschiedlichen Aspekte, die dabei wichtig sind.
Dazu gehört beispielsweise die Finanzierung, die Möglichkeiten, eigene Leistungen mit einzubringen, der Platzbedarf, weitere Interessenten.

Methode: Gruppenarbeit
Jede Gruppe übernimmt eine der gesammelten Ideen und untersucht sie nach den oben aufgeführten Aspekten. Es wird jeweils eine Liste mit Für und Wider erstellt, damit die Ergebnisse den anderen Schülern deutlich gemacht werden können. Jede Gruppe bestimmt einen Gruppensprecher, jemanden, der schreibt, jemanden, der vorträgt. Alle unterstützen die Vorstellung der Ergebnisse.

5. Schritt: Auswahl des bevorzugten Projekts

Nun wählt die Klasse den überzeugendsten Vorschlag aus, um diesen in der Gemeinde vorzubringen. Dazu sind noch weitere Vorbereitungen nötig.
Teilt die Aufgaben in der Klasse auf:
- Termin mit der Gemeinde ausmachen: Telefon, Fax, Brief
- Idee ausführlich schriftlich darstellen, nach Möglichkeit ansprechend gestalten
- Vorinformation zusammenstellen: Wie sind wir auf unseren Vorschlag gekommen?

Hobbys und ihre Grenzen

In meiner Freizeit gehe ich am liebsten zum Reiten. Jeden Tag fahre ich gleich nach der Schule zu dem Reiterhof in unserer Nähe. Ich habe dort ein Pflegepferd, das ich reiten und putzen darf. Ich reite jeden Tag alleine aus, am liebsten nur im Galopp. Leider komme ich beim Reiten noch nicht so gut klar, mein Pferd ist mir auch schon mal durchgegangen und runtergefallen bin ich auch schon ein paar Mal. Aber es macht trotzdem Spaß. Meine Eltern haben immer Angst um mich, weil ich nicht jedes Mal daran denke, die Kappe aufzusetzen. Mir ist aber bisher noch nie etwas passiert. So gegen sechs Uhr komme ich dann nach Hause. Nach dem Abendessen mache ich Hausaufgaben. Deshalb bin ich, glaube ich, nicht so gut in der Schule. Aber das macht nichts, solange ich reiten kann.

Christiane, 12

Ich spiele für mein Leben gern Fußball. Seit vier Jahren bin ich jetzt schon in einem Verein, der in einer recht hohen Liga spielt. Da wir letztes Jahr aufgestiegen sind, müssen wir jetzt in ganz Bayern zu Auswärtsspielen reisen. Weil manchmal auch noch Turniere dazukommen, bin ich meistens das ganze Wochenende unterwegs. Außerdem trainieren wir dreimal die Woche sehr hart. Wenn ich nach Hause komme, bin ich fix und fertig und kann nichts mehr für die Schule tun. Dazu brauche ich noch jedes halbe Jahr eine neue Ausrüstung. Meiner Mutter wird es allmählich zu teuer und ich muss mir alles von Verwandten wüschen. Ich habe auch ziemlich große Angst davor, mich zu verletzen. Ich glaube, meine Mutter würde mich dann nie wieder spielen lassen.

Thomas, 12

In meiner Freizeit schaue ich am liebsten fern. Ich liebe es einfach, mich vor die Glotze zu setzen und mir irgendwas anzuschauen. Mit Freunden unternehme ich nur sehr selten etwas, weil ich einfach keine Zeit mehr habe. Es ist schon lange her, als ich das letzte Mal mit Freunden im Kino war. Aber das macht mir eigentlich gar nichts aus. Meine Eltern arbeiten beide ganztags und interessieren sich auch nicht sonderlich für mich. Das ist aber gar nicht schlecht so, weil sie sonst meine miserablen Noten mitkriegen würden. Ich sitze eben den ganzen Tag vor dem Fernseher und die Schule ist mir völlig egal. Wenn meine Eltern abends nicht da sind, schaue ich mir auch oft Gewaltfilme an. Früher hat mir das etwas ausgemacht, wenn die Leute sterben, aber ich habe mich daran gewöhnt.

Maxi, 13

Aufgaben:

1. Welche Freizeitbeschäftigungen werden vorgestellt ?
2. Welche Probleme ergeben sich daraus, dass die Hobbys sehr intensiv betrieben werden ?
3. Überlege deine eigenen Erfahrungen. Betreibst du auch ein Hobby sehr intensiv? Welche Gründe sprechen dafür, welche dagegen ? Finde auch Argumente aus dem Text.

Im alten Rom

Der fürchterliche Exgladiator

"Ich glaube, wir verschwinden von hier, bevor dieser einäugige Exgladiator auftaucht", sagte Mucius.
Er zupfte verlegen an seiner Nase. Mucius war tapfer, aber nicht tollkühn.
"Dafür bin ich auch", rief Flavius hastig.
Niemand widersprach diesmal und Mucius gab Udo ein Zeichen, ihnen zu folgen. Sie liefen über das Forum Boarum zum Velabrum hinüber, dem großen, tief gelegenen Platz zwischen dem Capitolinus und Palatinus und bogen in die Tuscusstraße ein. Die Tuscusstraße war die belebteste Hauptstraße Roms. Sie führte vom Velabrum zum Forum Romanum, dem Mittelpunkt des Römischen Reiches.
In der Tuscusstraße fühlten sich die Jungen bedeutend sicherer. Sie kamen jetzt auch nur im Schneckentempo weiter. Dicht gedrängt schoben sich die Menschen in einer endlosen Kette auf den Bürgersteigen an den Läden und Verkaufsbuden vorbei, darunter viele Ausländer. Die Stadt schien mit Griechen, Arabern, Persern, Ägyptern und den verschiedensten wild aussehenden Gestalten überflutet zu sein. Die Jungen wunderten sich, aus welchem rätselhaften Winkel der Welt sie wohl hervorgekrochen waren. Der Fahrdamm war mit Hunderten von Sänften verstopft, großen und kleinen, eleganten und armseligen, manche von zwei, andere von sechs oder acht Sklaven getragen. Sie waren ineinander verkeilt wie zwei Heere im Schlachtgetümmel.
Der gesamte Verkehr stand nämlich still; auf dem Forum marschierte gerade die Leibwache des Emperors vorbei, zwölf Kohorten von Prätorianern. Sie zogen zur Ablösung den Palatinus hinauf. Die Prätorianer sahen prachtvoll aus. Sie trugen gelbe Uniformen mit roten Gürteln, große Ohrringe und waren mit Bambusspeeren bewaffnet. Die Offiziere hatten eiserne Helme auf, die mit bunten Federn geschmückt waren und ihre Brustpanzer blitzten wie poliertes Silber.
Die Menschen in der Tuscusstraße kümmerten sich wenig um die Prätorianer. Es war unerträglich heiß geworden: Die Sonne stand schon ziemlich hoch an einem wolkenlosen Himmel und brannte unbarmherzig auf das Pflaster. Fast alle Frauen schützten sich durch Sonnenschirme. Kein römischer Bürger trug eine Toga. Sie hatten die leichteste Tunika angezogen, die sie in ihrer Garderobe finden konnten. Viele Leute schlugen wild um sich, um die Schwärme der Schmeißfliegen zu verjagen, die von allen Seiten über sie herfielen. Die ganze Gegend roch Überl erregend nach den Viehmärkten des Forum Boarum, den schmutzigen Gewässern des Tibers und den Abflusskanälen der Cloaka maxima, die dicht an der Tuscusstraße entlanglief. Rom war kein angenehmer Aufenthaltsort im Sommer.
Die Jungen hatten Udo in ihre Mitte genommen und bohrten sich wie ein Stoßtrupp Legionäre eine Bahn durch die Menge. Nachdem sie das Forum Romanum erreicht hatten, atmeten sie erleichtert auf. Endlich hatten sie sich wieder Ellbogenfreiheit und mehr Luft erobert. Sie plumpsten auf eine der gepolsterten Bänke vor dem Saturntempel nieder und wischten sich den Schweiß von den Stirnen.
Udo hatte sich aufs Pflaster gesetzt und lehnte sich an den goldenen Meilenstein an der Rednertribüne. Auch er keuchte wie ein gehetztes Wild.
"Jetzt stehen wir mit Udo da wie Priamus zwischen den Trümmern Trojas", brummte Caius.

Im alten Rom

Die Jungen waren müde, hungrig und gereizt. Es war nicht wesentlich kühler auf dem Forum. Sogar die vielen Tauben hockten faul auf den Dächern der Basiliken.
"Dein Vergleich stinkt", höhnte Publius. "Priamus hatte gar keine Zeit mehr, zwischen den Trümmern zu stehen, er war sofort von Neoptolemus erschlagen worden". Publius kannte dank Xanthippus seinen Homer fast auswendig.
"Du stinkst", entgegnete Caius aufbrausend.
"Dummkopf", zischte Publius.
Caius wollte auf ihn losgehen, aber Mucius fuhr dazwischen. "Keine Prügelei!", herrschte er sie an. "Sonst muss einer von euch nach Hause gehen! Es ist kein Platz für zwei Hähne auf demselben Misthaufen."
Caius fügte sich, wenn auch widerwillig. Mucius war immerhin der Anführer ihrer Bande; sie hatten ihm einen feierlichen Treueid geleistet und mussten ihm gehorchen.
"Regt euch nicht auf", sagte Julius. "Nichts ist verloren. Wir werden Udo ganz einfach weiterverkaufen."
"Was kriegen wir schon für einen taubstummen Sklaven!", seufzte Rufus.
"Wir brauchen nicht zu sagen, dass er taubstumm ist", entgegnete Flavius. "Callon hat uns ja auch hereingelegt."
"Es kann lange dauern, bis wir einen Käufer finden", sagte Mucius. "Es wäre weise, Udo so rasch wie möglich loszuwerden."
"Warum bringen wir ihn nicht auf die Tiberinsel, zum Aesculapiustempel, wo alle Leute ihre alten oder kranken Sklaven aussetzen?", sagte Caius.
"Das wäre ungerecht", sagte Rufus. "Ein Sklave ist auch ein Mensch. Wir behandeln Rompus, meinen Erzieher, wie einen Freund. Mein Vater will ihm später die Freiheit geben."

Bei uns im alten Rom

Was mache ich heute Nachmittag ?

Aufgaben:

1. Welche Möglichkeiten hat Mucius, seine freie Zeit zu gestalten ?
2. Vergleiche die Angebote mit deinen Freizeitaktivitäten. Notiere Ähnlichkeiten und Unterschiede.
3. Was würdest du gerne ausprobieren ? Tausche dich mit deinem Partner / deiner Partnerin aus.
4. Beschreibe Mucius deine bevorzugte Beschäftigung. Bedenke dabei, dass er vieles aus unserer Zeit nicht kennen kann.

GSE

Verändert das Fernsehen unsere Freizeit?

Kennst du diese Fernsehsendungen?

Alle unter einem Dach!

Verbotene Liebe

Tatort

RTL AKTUELL

Marienhof

Einige Gedanken zum Fernsehverhalten:

Welche der Sendungen schaust du regelmäßig ?
Gibt es für dich wichtige Gründe, die Sendungen anzuschauen ?
Schaust du allein oder mit Freunden, Freundinnen ?
Was kann dich vom regelmäßigen Anschauen abhalten ?
Fehlt dir etwas, wenn du eine Sendung verpasst ? Wenn ja, was ?
Gibt es weitere wichtige Sendungen für dich ? Wenn ja, welche ?
Du bekommst einen Anruf während einer Sendung. Was tust du ?
Sprichst du mit deinen Eltern über die Sendungen ?

Stell dir vor, dein Fernseher wäre kaputt !

Was würdest **du** in dieser Zeit am liebsten tun?

Freizeit und Fernsehen

Was haben die Menschen früher gemacht, ohne Fernsehen ?

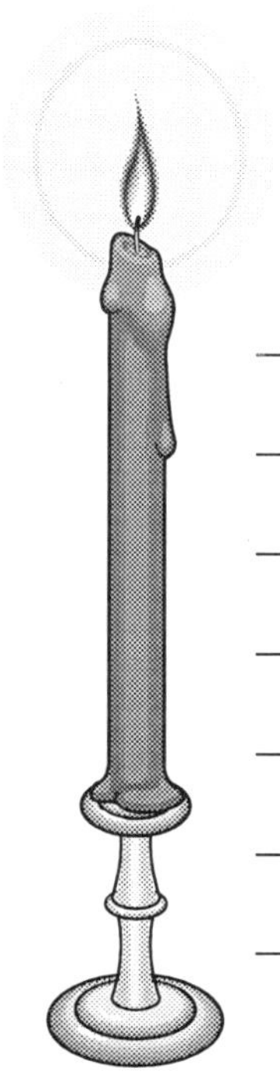

Was vermutest du ?

____

____

____

____

____

____

____

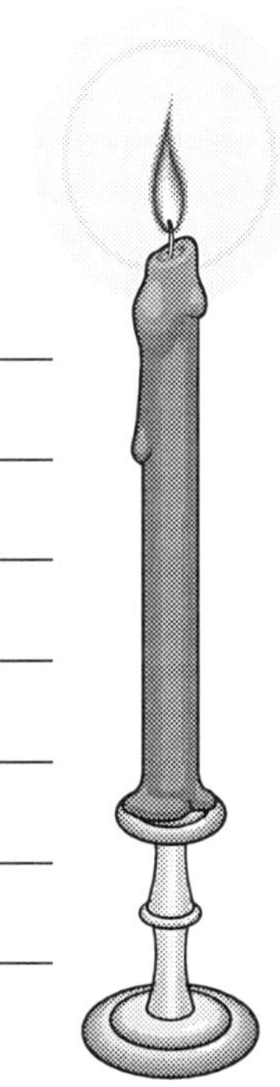

Frage deine Großeltern oder andere ältere Menschen in deiner Umgebung.

Meine Oma erzählt:

Als ich so alt war wie du, da gab es noch keinen __________ . Wir haben ganz viel im Freien ________ , egal welches Wetter war. Lernen mussten wir noch nicht so viel wie ihr, wir hatten kaum ________ . Helfen musste ich auch, im __________ ; meine Mutter hatte viel zu tun, weil wir so viele Kinder waren. Da hab ich schon mal _____ geholt, kleine _____________ gemacht oder die Wohnung durchgekehrt. Abends saßen wir oft zusammen und wir haben ________ oder meine Großmutter hat Geschichten ________ . Wenn ich mal ein ______ bekommen habe, hab ich mich auf den Dachboden zurückgezogen und in aller Ruhe gelesen. Das war sehr ______.

Setze folgende Wörter in die Leerstellen ein:

Buch, Bücher, Fernseher, schön, Haushalt, Holz, Besorgungen, gespielt, erzählt, gespielt

Ein Filmkonzept entsteht

Eine Sendeanstalt hat dich entdeckt ! Du sollst ein Filmkonzept entwerfen! Nun geht die Arbeit los.

Zunächst einmal überlegst du mit deiner Gruppe, über welches Thema du einen Film drehen willst:

Einigt euch in der Gruppe auf ein Thema. Erstellt nun ein mindmap zu dem ausgewählten Thema. Schreibt das Thema in die Mitte und rundherum eure Ideen, wie ein Film zu diesem Thema aussehen könnte.

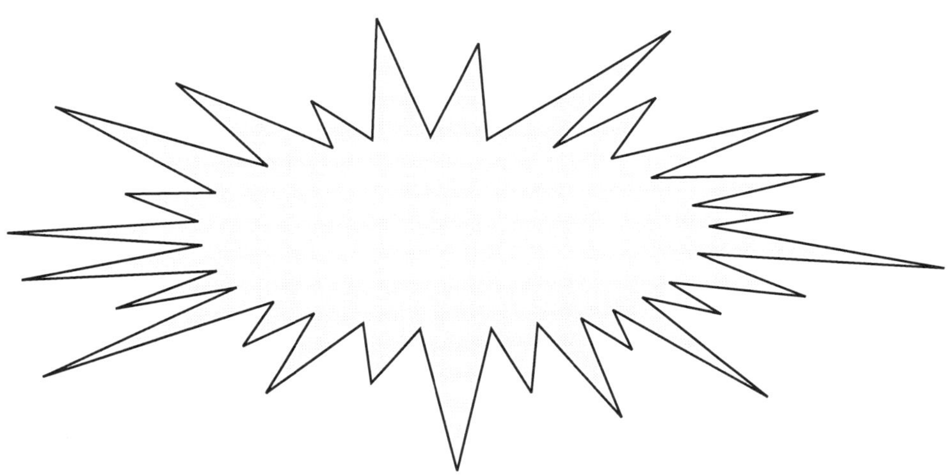

Mindmap: Hier sammelt alle Ideen, die ihr zu einem Thema habt, kunterbunt, wie es euch einfällt. Geordnet wird später, wenn euch nichts mehr einfällt. Dann überlegt ihr gemeinsam, wie aus dem Durcheinander ein Konzept entstehen kann.

Folgende Punkte können dir dabei helfen:

Begründung des Themas - Vorteile - mögliche Schwierigkeiten - für wen soll der Film sein? - Welches Material wird benötigt ? - Wo soll der Film spielen ? - In welcher Zeit ? - Welche Personen sind wichtig ? - Was ist das Ziel des Films ? -

Freizeit

- Das Freizeitverhalten und die Freizeitmöglichkeiten von Kindern in Entwicklungsländern kennen lernen
- In der Klasse gemeinsam Aktivitäten planen und durchführen
- Freizeitmöglichkeiten in und mit der Schule erproben

❶ Kinder in Entwicklungsländern EA:Arbeitsblatt lesen und Fragen bearbeiten GA: Plakat erstellen zu einzelnen Ländern / Kindern	AB (S. 120)
❷ Spiele In der Klasse ausprobieren, eventuell durch Kinder aus anderen Ländern ergänzen, Infowand erstellen	AB (S. 121)
❸ Freizeit gestalten Planung einer Aktivität: Ideensammlung, Auswertung der Sammlung, Ordnen nach verschiedenen Faktoren	AB (S. 122)
❹ Freizeit gestalten: Checkliste GA: Liste bearbeiten und ausfüllen UG: Planung mit Hilfe der Checkliste / Realisierung der Ideen	AB (S. 123)
❺ Lesenacht Umsetzung einer Idee: Lesenacht Tipps gemeinsam bearbeiten und auf die eigene Situation umsetzen, Planung der Lesenacht anhand der Vorschläge und Erfahrungen	AB (S. 124)
❻ Projektthema: Kommunikation UG: Impuls für ein Projekt mit Hilfe der vorgeschlagenen Idee Sammlung von Unterthemen, die sich als Gruppenthema eignen (z.B.Geschichte der Kommunikation, moderne Kommunikationsmittel, Internet: Nutzungsmöglichkeiten,...) Materialzusammenstellung zum gewählten Thema (Bücher, Zeitschriften, Filme, Bilder,...), Schwerpunktsetzung in den Gruppen **Kunstwerke können uns viel sagen** Fächerübergreifend: Kunst zum Thema Kommunikation Im Rahmen des Projekts gemeinsame Aktion **Methodenseite: Schattentheater** Eine Umsetzungsmöglichkeit im Rahmen des Projekts - aber auch in anderen Phasen / Inhalten des Unterrichts einsetzbar GA: Verschiedene Aufgaben verteilen, einüben, vorstellen **Freies Schreiben** GA: Assoziatives Schreiben zum Thema Kommunikation, fächerübergreifend, in Verbindung mit dem Deutsch- und Musikunterricht, auch in PA / EA, kopieren und vergrößern	AB (S. 125/128)
❼ Freizeit und freies Schreiben Fächerübergreifend, Gedichte zum Thema 'Freizeit' schreiben	AB (S. 129)
❽ Neue Freizeitbeschäftigungen entdecken GA: Besprechen der Sprechblasen, Lösungsfindung, Präsentation	AB (S. 130)

GSE

Kinder in Entwicklungsländern

Manuel lebt in Bolivien, auf einem Bergplateau. Hier lebt er mit seiner Familie, zu der seine Geschwister, seine Mutter und die Familie seines Onkels gehören. Sein Vater ist tot und so bewältigen die beiden Familien den Alltag zusammen. Manuel spielt sehr gerne Fußball und will Fußballer werden. Auch spielt er gerne mit Tieren, besonders Kaninchen mag er. Außerdem isst er gerne gut, Reis am liebsten. Er hilft seiner Mutter bei der Kartoffelernte und dabei, die Tiere zu versorgen. Sie haben Kühe, Schafe, Schweine, Hühner und Kaninchen. In die Schule fährt Manuel mit dem Rad, er mag seinen Lehrer sehr gerne.

Bibong lebt in Botswana, am Rande einer Wüste. Es ist hier sehr heiß und staubig. Sie lebt mit ihrer Familie in einer Strohhütte. Täglich geht sie mit ihrer Mutter Wasser holen. Dabei hält sie immer nach Kamelen Ausschau, weil sie vor ihnen Angst hat. Bibong singt am Sonntag gerne in der Kirche, auch zur Schule geht sie gerne, weil sie dort ihre Freundinnen trifft. Sie spricht zu Hause die Sprache ihres Stammes, in der Schule lernt sie die Amtssprache Botswanas. Wenn Bibong mal groß ist, möchte sie Krankenschwester werden, heiraten und zwei Kinder bekommen.

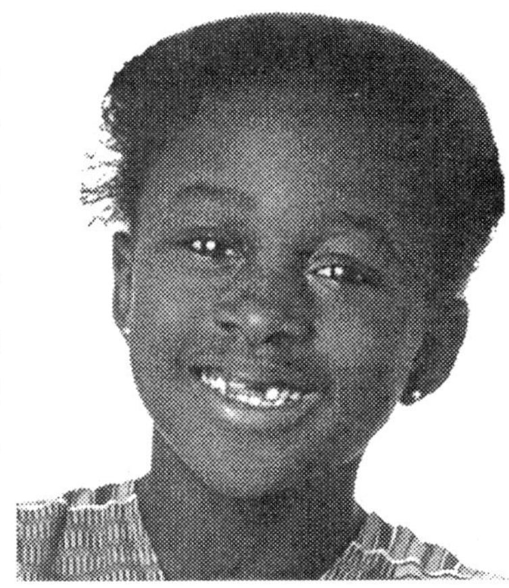

Amraa lebt in der Mongolei, in einer Gegend, in der nur wenige Menschen und keine Bäume zu finden sind. Er lebt unter der Woche in einem Haus, in der Nähe der Schule. Am Wochenende ziehen sie hinaus aufs Land, dort wohnen sie in einem Zelt. Amraa besitzt ein eigenes Pferd, mit dem er im Sommer täglich ausreiten kann. Amraa hilft, das Vieh zusammenzutreiben. Reiten ist seine große Leidenschaft. Sogar an Pferderennen nimmt er teil. In freien Zeiten spielt er gerne Tischtennis oder ein Spiel, das Shagai heißt und in dem es um Pferderennen geht. Wenn Amraa groß ist, möchte er gerne Autofahren lernen.

Fragen:

1. Sieh auf der Karte nach, wo die Länder liegen, in denen die Kinder leben.
2. Notiere, welche Freizeitbeschäftigungen die Kinder aus den unterschiedlichen Ländern haben.
3. Überlege, welche Unterschiede zu deinem Leben, zu deinen Freizeitmöglichkeiten bestehen.
4. Notiere deine freie Zeiten in der Woche - und überlege, wie ein solcher Plan für die Kinder aus Entwicklungsländern aussieht.

Spiele aus anderen Ländern

Italien

Regina, reginella
quanti passi mi fai fare per arrivare al tuo castello ?
Königin, kleine Königin
wie viele Schritte soll ich machen, um dein Schloss zu erreichen ?

Material: Zwei Säckchen, in einem Kärtchen mit Tierabbildungen, in dem anderen Zahlen von 1 - 10

Ein Kind ist die Königin. Ihr gegenüber stehen die anderen Kinder. Ein Kind sagt den Vers auf. Die Königin zieht aus beiden Säckchen Kärtchen. Daraus ergibt sich, was das Kind zu tun hat, z.B. 5 Schritte wie ein Känguru zu hüpfen. Wer zuerst bei der Königin ankommt, darf ihren Platz einnehmen.

Spanien

Juego del lobo - Das Spiel vom Wolf
Ein Kind spielt den Wolf; es sitzt mit dem Rücken zur Wand und hat die Augen geschlossen. Die anderen Kinder stehen in einer Reihe. Am Anfang befindet sich der Schäfer, am Ende der Hund. Nun spricht der Schäfer mit dem Hund über den Wolf: Mein Hund - Was gibt es ? - Der Wolf schläft. - Zieh ihn an den Ohren! Das versucht der Hund - der Wolf erwacht und versucht den Hund zu fangen. Die Kette darf nicht abreißen und der Schäfer versucht den Wolf daran zu hindern, den Hund zu fangen.

Zaire

Figuren im Sand
Bei diesem Spiel geht es darum, Figuren im Sand zu zeichnen, mit einer Linie, die nicht unterbrochen werden darf. Wer absetzt, hat einen Fehler gemacht und muss von vorne beginnen.

Philippinen

Dakpanay
Ein Fangspiel, bei dem vier oder fünf große Kreise von ca. drei Metern Durchmesser auf den Boden gezeichnet werden. Ein Jäger muss versuchen, die anderen auf dem Weg von einem Kreis zum anderen zu fangen. Dabei darf der Fänger nicht in den Kreis, aber muss versuchen, ob er hineinlangen und jemanden abschlagen kann. Wer gefangen wird, darf mitjagen.

GSE

Freizeit gestalten

Unsere Klasse unternimmt gemeinsam etwas

Was können wir in unserer Freizeit zusammen planen ?
Wir machen einen Plan:

Zusammensetzen und Ideen sammeln:

- Schwimmen
- Eis laufen
- Lesenacht

Auf geht´s, wir überlegen, was wir von unseren Ideen als Eerstes in die Tat umsetzen. Dazu erstellen wir eine Tabelle, die wir nach verschiedenen Gesichtspunkten ordnen:

Idee	Zeit	Geld	Raum	Material	Unterstützung

Freizeit gestalten: Checkliste

Was müssen wir beachten ?

Welche Personen sind beteiligt ?

____

____

Welche Termine werden geplant ?

____

____

Welche Räume oder Ähnliches benötigen wir ?

____

____

Welches Material muss besorgt werden ?

____

____

Bitte abhaken:

Zeiten erfragt	☐	Fahrmöglichkeiten auskundschaften	☐
Vorbestellen	☐	Ausrüstung abgesprochen	☐
Regeln geklärt	☐	Sicherheitsaspekte beachtet	☐
Aufsicht erfragt	☐	Finanzen geregelt	☐
Nachbereitung überlegt	☐	Heimfahrt geklärt	☐

Lesenacht

Wir übernachten in der Schule. Abends treffen wir uns im Klassenzimmer oder in einem Gruppenraum. Schlafsack und Matte nicht vergessen !

Die Eltern haben wir vorher in einem Schreiben informiert, wann es losgeht, was wir brauchen, was wir machen.

In der Lesenacht lesen wir zunächst in einem Buch gemeinsam. Wir liegen alle auf oder in unseren Schlafsäcken in einem Kreis. Jeder liest, solange er oder sie Lust hat, vor. Dann wird das Buch weitergegeben. Immer rundherum.

Um Mitternacht wird das große Licht ausgemacht. Jetzt ist Schlafenszeit. Wer noch weiterlesen will, kann das mit Hilfe einer Taschenlampe tun. Man darf aber die anderen nicht stören, die schlafen wollen.

Am Morgen, wenn alle so langsam wach werden, beginnt das große Waschen und Anziehen. Vorher haben wir aber eine Zeit ausgemacht, damit nicht die ersten schon kurz nach Mitternacht damit anfangen. Wir erzählen uns gegenseitig, was wir noch gelesen haben und wie wir geschlafen haben.

Dann gibt es Frühstück. Wir haben alle unser Geschirr und etwas zum Essen mitgebracht. Der eine die Butter, der andere die Marmelade oder Milch. Nur die Semmeln holen wir frisch vom Bäcker. Der Tisch wird schön gedeckt; jeder legt das Mitgebrachte darauf und dann beginnen wir gemeinsam mit dem Frühstück.

So eine Lesenacht könnten wir nochmals veranstalten.

GSE

Projekttage: Kommunikation

Beschäftigt euch in der Klasse für ein paar Tage mit einem Thema, zum Beispiel "Kommunikation" intensiver. Hierzu gehören sehr viele Bereiche aus der Schule. Ihr werdet erstaunt sein. Auf den folgenden beiden Seiten findet ihr eine Auswahl, was man mit dem Thema alles machen kann. Sucht euch das heraus, was euch am meisten interessiert oder lasst euch anregen, selbst die Ideensammlung zu erweitern. Eigene Vorstellungen entwickeln sich meist leichter, wenn man einfach mal ausprobiert und anfängt.

Kunstwerke können uns viel sagen

Das Portrait der Mona Lisa von Leonardo da Vinci ist eines der berühmtesten Bilder. Es wurde schon viel über dieses Kunstwerk nachgedacht. Welche Gedanken hast du zu diesem Bild ? Notiere, was dir gefällt, was du inte-ressant findest oder womit du nichts anfangen kannst. Nimm dir Zeit bei der Betrachtung, der Zugang zu einem Bild ist nicht immer gleich da !

Nun zeichne selbst ein Bild zu dem Thema "Kommunikation". Bedenke dabei einige Punkte: Wähle dir eine Kommunikationsform aus. Stelle dar, was diese Form für dich für eine Bedeutung im Zusammenhang mit dem Thema Kommunikation hat. Skizziere deine Idee zunächst mit Bleistift. Male dann ein fertiges Werk mit Wasserfarben. Schreibe einen kurzen Erläuterungstext zu deinem Bild.

Methodenseite: Schattentheater

Zum Schattentheater gehören eine kleine Grundausrüstung und viel Kreativität und Spiellust !

Ausrüstung:
goßes, weißes Betttuch,
Scheinwerfer (OHP),
zwei Kartenständer

Kreativität:
vorher Ideen sammeln, was man spielen kann, zum Beispiel Tiere, Gefühle, Sprichwörter, Berufe, verschiedene Menschen, ...

Spiellust:
vorher Übungen zu Pantomime, Gestik, Rollenspiel

Und dann geht es los :
Einfach mal ausprobieren:
Wo steht die Lichtquelle am besten, wie dicht muss man an die Leinwand heran,
welche Effekte lassen sich einbauen?
*Riesen und Zwerge = nah und weiter weg
*Modelle aus Karton erstellen
*Verkleiden
* verschiedenfarbige Lampen einbauen
*Gegenstände hinter der Leinwand ausprobieren (Stühle, Tische, ...)

Und dann lässt sich das Ganze auch noch ausbauen:
Über ein Rollenspiel, einen Sketch zu einem kleinen Schattentheaterstück, das dann richtig geplant, geprobt und aufgeführt werden kann.

Freies Schreiben

Kommunikation und Musik

Du hast hier die Möglichkeit, einen Cluster zu den angegebenen Themen zu erstellen. Du schreibst alle Begriffe auf, die dir im Zusammenhang zu der aufgeführten Thematik einfallen. Du kannst das auch mit einem Partner/Partnerin oder in der Gruppe machen. Ihr schreibt dann nacheinander. Dann hast du die Möglichkeit, die Ideen der anderen aufzugreifen.

Freizeit

GSE

Freizeit und freies Schreiben

Auch Schreiben kann eine Freizeitbeschäftigung sein. Du kannst zum Beispiel selbst ein Gedicht schreiben, in dem du deine Gedanken oder Gefühle zu einem Thema wiedergibst. Das ist gar nicht so schwierig. Zunächst einmal findest du hier eine Hilfestellung, nach der du ein Gedicht zum Thema "Freizeit" schreiben kannst. Dafür steht dir unten der Rahmen zur Verfügung. Vielleicht traust du dich dann auch mal selbst, ein freies Gedicht zu verfassen, wenn du siehst, wie einfach und gut das geht.

Elfchen

Überschrift:	**Freizeit**
Erstes Wort sollte eine Farbe sein	rot
Zwei Wörter, Personen, die dir dabei einfallen	Freund, Freundin
Drei Wörter, Namenwörter oder Adjektive, die dir dazu einfallen	Spaß, Genuss, entspannen
Vier Wörter, ein kurzer Satz dazu	Darauf freue ich mich
Ein Wort, als Zusammenfassung	Super

GSE

Neue Freizeitbeschäftigungen entdecken - sich mal rantrauen ?

Tipp:

Tipp:

Kennst du solche Gedanken ?
Hast du auch schon einmal vor so einer Entscheidung gestanden und dich nicht so recht getraut ?
Was kann man dagegen tun ?
Sammelt in der Gruppe Ideen, wie man seine Angst überwinden und mal etwas Neues anfangen kann.
Formuliert Tipps für eure Mitschüler und Mitschülerinnen.

Tipp:

Tipp:

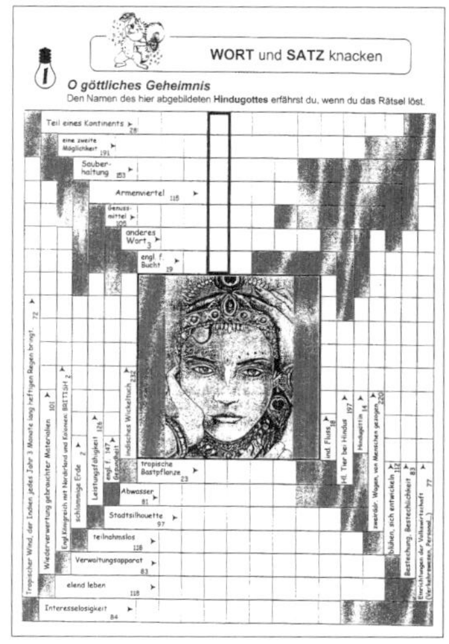

1. **Bernd Poieß** Die Klompen (Erzählung)
2. **Eva Markert** Die Tücke der Objekte (Kurzgeschichte)
3. **Paul Maar** Spinnen (Science Fiction)
4. **Hjalmar Kutzleb** Feuer (Geschichtserzählung)
5. **Die Teufelsmühle am Wiener Berg** (Sage)
6. **Der Zar und der Lügner** (Märchen)
7. **Luis Trenker** Flucht und Heimkehr (Kalendergeschichte)
8. **Das Turiner Grabtuch** (Sachtext)
9. **Amazing Discoveries** (Persiflage)
10. **Adpfent** (Schilderung)
11. **Gefährlicher Leichtsinn** (Minikrimi)
12. **Leonard Koop** Die Nacht mit Livia (Minikrimi)
13. **Nikola Hirmer** Discite Moniti (Minikrimi)
14. **Wolfgang Moll** Kalkutta (Schilderung)

Textknacker 5./6.
Nr. 525 *144 Seiten* €20,90

Inhaltsübersicht:

Verbrechen am ersten Schultag
Diebstahl im Klassenzimmer
Nur eine Kleinigkeit
Einbruch in der Schule
Es geschah um zwölf Uhr mittags
Fahrraddiebstahl
Auf feischer Tat ertappt
Einbruch im Geschäft
Giftgasalarm
Brandstiftung
Entführt
Kidnapping
Feind hört mit
Schatzraub
Unheimliche Vorfälle
Überfall
Terroristen am Werk
Nötigung
Black Star gestohlen
Pferdediebstahl, Betrug

Minikrimis 5/6
Nr. 356 *46 Seiten* € 11,90

Inhaltsübersicht:

1. Die Geldtasche vom Stadtpark (Zurückgeben von gefundenen Gegenständen)
2. „Hilfst du mir?" (Mithilfe daheim)
3. Wenn man eine Aufgabe übernimmt (Gewissenhaftigkeit)
4. Das Spiel (Jemanden hereinlegen)
5. Nur Spaß (Spaß ist nur, was allen Spaß macht)
6. In der Straßenbahn (Höflichkeit)
7. „Oma, du nervst mich!" (Verständnis für alte Menschen)
8. „Dir kann ich es ja sagen ..." (Versprechen halten)
9. In der Eisdiele (Unkenntnis eines anderen ausnützen)
10. Lügen haben kurze Beine (Lügen haben keinen Sinn)
11. Im Kaufhaus (Ladendiebstahl)
12. „Das ist unfair!" (Vorurteile)
13. „Dir werd`ich`s zeigen!" (Neid)
14. Angst (Horrorfilme)
15. „Ich hab`s genau gesehen" (Verpetzen)
16. Was keiner sieht ... (Umweltschutz)
17. „Ihr seid ja so gemein!" (Verspotten von Mitschülern)
18. „Komm fang mich!" (Verspotten von Mitschülern)
19. „Ich bin die Beste" (Eindruck machen wollen)
20. Schifahren (Imponiergehabe)
21. Der Unfall (Andere nicht zu Wort kommen lassen)
22. Geburtstag (Markenbewusstsein)
23. „So ein Krawall" (Lärmstörung)
24. Wir sind schlau (Vordrängen)
25. „Ich hab`s eilig" (Stress am Morgen, Schlamperei)
26. Die Fahrkarte (Hilfsbereitschaft)
27. Vom Leben vergessen (Außenseiter der Gesellschaft)
28. Auch wenn man nur die Wahrheit sagt (Auch die Wahrheit kann weh tun)
29. Wenn die Schule aus ist (Gedränge am Schulbus)
30. Hoch soll er leben (Ehrlichkeit)
31. Telefonitis (Lange Telefongespräche)
32. Au, jetzt hat er mich wieder gebissen! (Umgang mit Schulsachen)
33. Machen Kleider Leute? (Menschen nach dem Äußeren beurteilen)
34. So eine Dummheit! (Mutwillige Sachbeschädigung)
35. Auch wenn die Neugier groß ist ... (Briefgeheimnis)
36. Quäle nie ein Tier zum Spaß (Tierquälerei)

Du
Nr. 519 *40 Seiten* €11,90

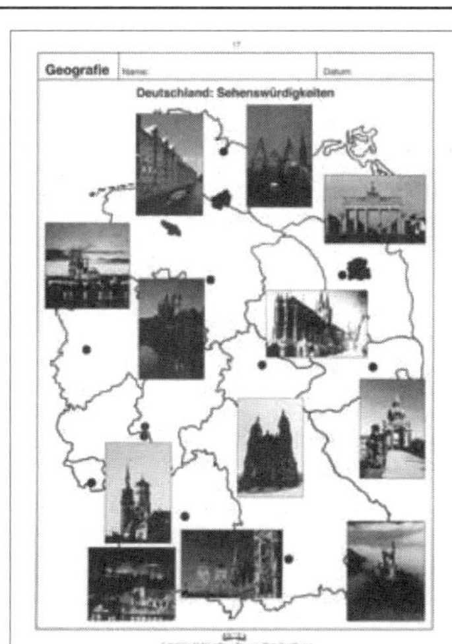

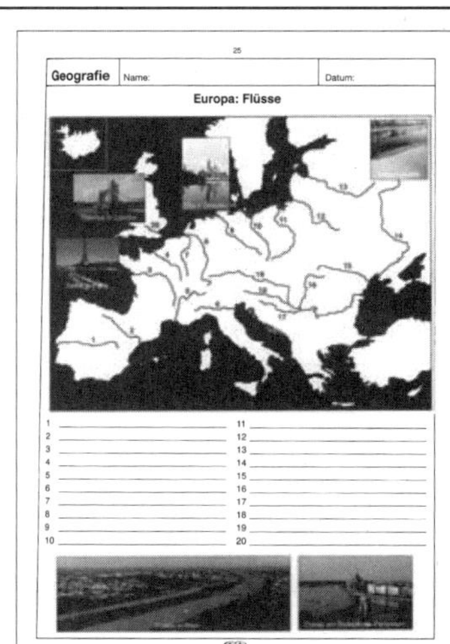

Deutschland
Karte Deutschland
Bilder Deutschland
Bundesländer mit Hauptstädten
Wichtige Städte
Flüsse und Seen
Gebirge
Industriezentren
Sehenswürdigkeiten

Europa
Karte Europa
Bilder Europa
Länder
Großräume und Meere
Flüsse
Gebirge und Inseln
Wichtige Städte
Sehenswürdigkeiten
Schweiz/Österreich
Frankreich
Skandinavien
Großbritannien
Spanien
Italien

Quiz
Was weißt du noch? (1)
Was weißt du noch? (2)

Top in Topographie Bd. I
Nr. 642 *48 Seiten* € 11,90

Ritterturniere

Wörterbastler

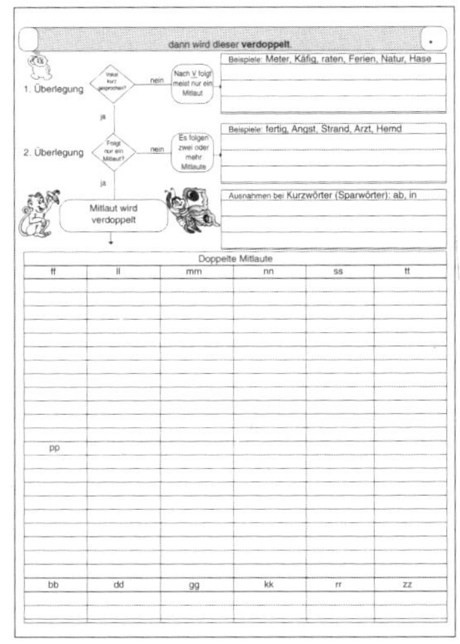
dann wird dieser verdoppelt

Doppelte Mitlaute

I. Mitsprechwörter: Kurz und lang gesprochene Vokale · Strategie bei Hör-/Mitsprechwörtern
II. Nachdenkwörter: 1. Wörter mit **doppeltem Mitlaut** · 2.Wörter mit **ck/k** oder **tz/z** · 3. Wörter mit **ie** · 4. Wörter mit **b**, **d**, **g**, oder **h** am Wortende · 5. Wörter mit **ä** oder **e**, **äu** oder **eu**
III. Merkwörter: 1. Wörter mit **Dehnungs-h** · 2. Wörter mit **doppeltem Selbstlaut** (aa, ee, oo) · 3. Wörter mit **ß** · 4. **f** oder **v** · 5. **x** oder **chs**...
IV. Gleich klingende, aber anders geschriebene Wörter
V. Fremdwörter (FW)
VI. Zur wirksamen Bekämpfung von Fehlern
VII. Übungstexte zu den Rechtschreibstrategien

Rechtschreibstrategien 5./6. Bd.I
Nr. 511 *150 Seiten* €20,90

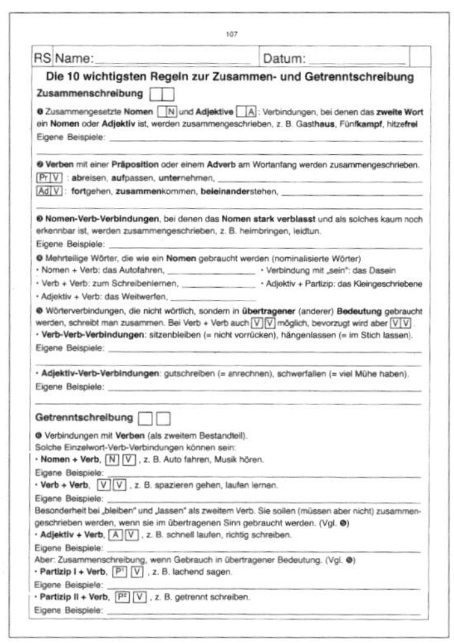
Die 10 wichtigsten Regeln zur Zusammen- und Getrenntschreibung

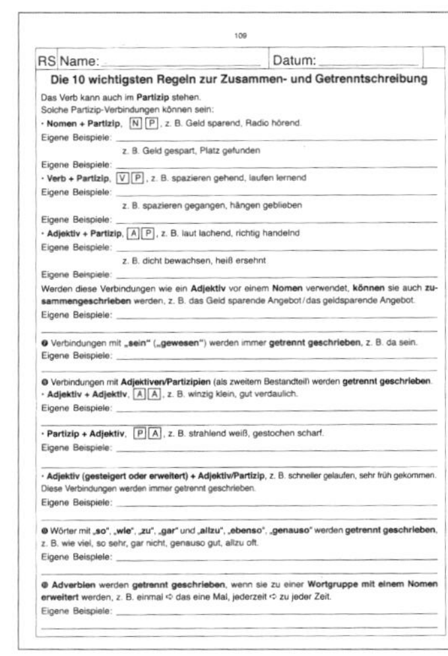
Die 10 wichtigsten Regeln zur Zusammen- und Getrenntschreibung

- I. Wortbausteine erkennen und richtig schreiben
- II. Groß- und Kleinschreibung
- III. Zusammen- und Getrenntschreibung
- IV. Trennung von Wörtern am Zeilenende
- V. Zeichensetzung: Die wichtigsten Satzzeichen
- VI. Zum Aufbau eines Wortschatzes
- VII. Texte zu Übergangsschwerpunkten

Rechtschreibstrategien 5./6. Bd.II
Nr. 592 *139 Seiten* €20,90

Deutsch

Die Geschichte vom jungen Krebs (Gianni Rodari)

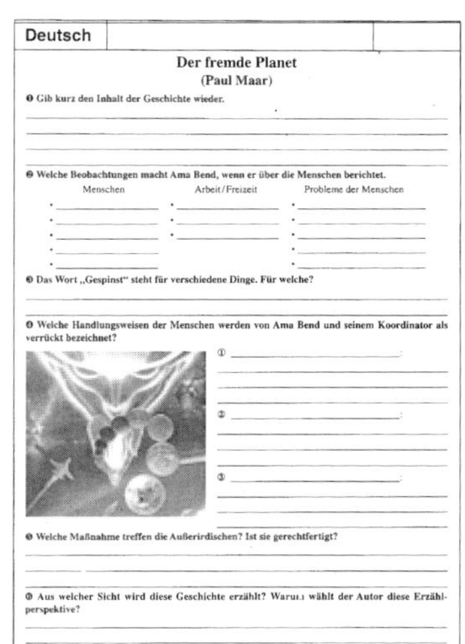
Deutsch

Der fremde Planet (Paul Maar)

Inhaltsübersicht:

1. G. Rodari: Die Geschichte vom jungen Krebs
2. P. Maar: Der fremde Planet
3. H. W. Franke: Gedankenkontrolle
4. Cyril Hare: Ein perfekter Mord
5. G. Ruck-Pauquet: Arbeitslos
6. A. Bröger: Ihr dürft mir nichts tun
7. P. Härtling: Die Möhre
8. P. Janda: Die Traumschule
9. E. Bregln: Stadt der Fahrräder
10. S. Lageröf: Es gibt immer einen Ausweg
11. S. v. Radecki: Eine eilige Geschichte
12. J. Reding: Die Bulldozer kommen
13. C. Nöstlinger: Unterschrift des Vaters
14. L. Geer: Die Schwimmprobe
15. H. Erdmann: Georg soll springen
16. R. Bradbury: Die Rache der Stadt

Kurzgeschichten u. Erzählungen 5./6.
Nr. 529 *108 Seiten* €18,50

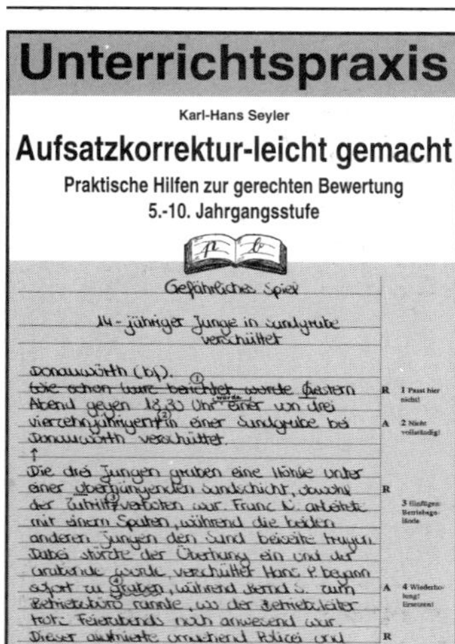

Inhaltsübersicht:

Vorwort
Inhaltsverzeichnis
Wichtige Korrekturzeichen (Vorschlag)

Merkblatt, Bewertungsblatt und ausgewählte Schüleraufsätze für
- Nacherzählung (Jg. 5./6.)
- Erlebniserzählung (Jg. 5./6.)
- Bildergeschichte (Jg. 5./6.)
- Bericht (Jg. 6./7.)
- Gegenstands- und Vorgangsbeschreibung (Jg. 7./8.)
- Bildbeschreibung (7./8.)
- Inhaltsangabe (Jg. 7.-10.)
- Protokoll (Jg. 7.-10.)
- Lebenslauf und Bewerbungsschreiben (Jg. 8.-10.)
- Argumentation/Stellungsnahme (8.-10.)
- Erörterung (Jg. 9.10.)
- Analyse von literarischen Texten (Jg. 9.-10.)
- Analyse von Sachtexten (Jg. 9.-10.)

Mit Hilfe dieses Buches werden Sie
❶ zügiger korrigieren
❷ gerechter bewerten
❸ Transparenz schaffen
❹ Ihren Schülern individuelle Hilfen geben können
❺ die Aufsatzleistung Ihrer Schüler verbessern
❻ in kürzester Zeit über die wichtigen Aufsatzarten informiert sein

In jeder Sequenz werden folgende Materialien angeboten:

❶ Das Merkblatt zur passenden Aufsatzart mit Lösungsblatt
Es ist nach der Erarbeitung in der Klasse für die Hand des Schülers bestimmt.

❷ Das Bewertungsblatt zur passenden Aufsatzart
Dieses ist in einem inhaltlichen und einen sprachlichen Teil untergliedert. Beide Bereiche sind gleich gewichtet. Die maximal zu vergebenden Punkte stehen in Klammern hinter den einzelnen Bewertungskriterien. Die tatsächlich erreichten Punkte tragen Sie rechts am Rand auf die Striche ein. Eine Bewertungsskala ist immer dabei. Sie finden diese auf dem Bewertungsblatt ganz unten. Auch dieses Blatt ist für die Hand des Schülers bestimmt und liegt nach Ihrer Bearbeitung dem korrigierten Aufsatz bei.

❸ Ein korrigierter Schüleraufsatz (Aufsatz 1)
Die Korrekturzeichen am Rand sind auf ein Minimum reduziert und können von Ihnen selbst nach Belieben modifiziert werden.

Betrachten Sie die Korrekturzeichen auf der Seite 4 nur als Vorschlag. Interpunktionsfehler (I) habe ich in den korrigierten Aufsätzen nicht am Rand vermerkt.

❹ Ein nicht korrigierter Schüleraufsatz (Aufsatz 2)
Sie können diesen Aufsatz entweder selbst oder zusammen mit Ihrer Klasse korrigieren. Schüler motiviert es außerordentlich, einen Aufsatz „ihrem Niveau" verbessern zu dürfen.

❺ Ein ausgefülltes Bewertungsblatt
Das zu obigem Aufsatz ausgefüllte Bewertungsblatt ist nur ein Vorschlag.

❻ Der korrigierte Schüleraufsatz (Aufsatz 2)
Er dient nur zur Ihrer Kontrolle.

Aufsatzkorrektur - leicht gemacht
Nr. 523 *144 Seiten* €20,90